王崧舟观课十讲

王崧舟 著

上海教育出版社

目录 | CONTENTS

前言 / 1

/ 上 篇 /

第一讲　如何通过语文要素促进学生的思维发展
　　　　——以薛法根《灰雀》课堂教学为例 / 5

　　一、语文要素和思维发展 / 5
　　二、课例观摩 / 7
　　　　1. 读出语气，发展形象思维 / 10
　　　　2. 理清顺序，发展概括思维 / 14
　　　　3. 填补空白，发展推理思维 / 17
　　　　4. 揣摩心理，发展想象思维 / 20
　　　　5. 追问意图，发展深度思维 / 24

第二讲　如何让语文要素在生成性教学中落地
　　　　——以蒋军晶《总也倒不了的老屋》课堂教学为例 / 27

　　一、预测的内涵及教学困境 / 27
　　二、课例观摩 / 31
　　　　1. 提取关键信息，发现叙事规律 / 33
　　　　2. 依据叙事规律，预测类似情节 / 43

第三讲　如何精准设置支架将语文要素落到实处
　　——以何捷《桥》课堂教学为例 / 53

一、《桥》所在单元的语文要素 / 53

二、课文解读 / 54

三、课文学习任务及要求 / 59

四、课例观摩 / 59

　　1. 聚焦人物，从动作、语言、神态等角度感受人物形象 / 60

　　2. 聚焦环境，通过联系人物表现体会环境描写的作用 / 68

　　3. 聚焦情节，通过还原人物内心体会情节设置的作用 / 72

/ 中　篇 /

第四讲　如何通过情节与人物的整合让小说教学立起来
　　——以孙双金《穷人》课堂教学为例 / 81

一、《穷人》所在单元的语文要素 / 81

二、课文情节梳理 / 82

三、解读课后思考及练习 / 83

四、常态教学设计的优势和弊端 / 84

五、课例观摩 / 85

　　1. 小说情节应该教什么 / 98

　　2. 小说情节可以怎么教 / 100

第五讲　如何以讲故事为主线贯通民间故事教学
　　——以虞大明《牛郎织女（二）》课堂教学为例 / 102

一、创造性复述故事的策略 / 102

二、课文情节和线索梳理 / 104

三、以讲故事为教学主线的理由与好处 /105
四、课例观摩 /106
    1. 在讲故事的过程中，融入讲述方法的点拨 /109
    2. 在讲故事的过程中，渗透民间故事的特点 /116

第六讲　如何在基础阅读中融合多种识字教学策略
    ——以许嫣娜《青蛙写诗》课堂教学为例　/123

一、小学语文各学段理想的课堂风貌 /123
二、课文及教学任务解读 /125
三、课例观摩 /128
    1. 温故导入，归类识字 /128
    2. 整体感知，词串识字 /133
    3. 提取信息，随文识字 /140

第七讲　如何以任务单为支架夯实基础性朗读
    ——以窦桂梅《葡萄沟》课堂教学为例　/148

一、任务单和基础性朗读 /148
二、课例观摩 /149
    1. 借助任务单，搭建学习框架 /151
    2. 借助任务单，选择学习内容 /154
    3. 借助任务单，渗透学习方法 /157
    4. 借助任务单，深化学习成果 /160

/ 下 篇 /

第八讲 如何在多样性活动中让学生亲近文言文
　　　　——以罗才军《司马光》课堂教学为例 / 171

一、统编小学语文教科书文言文编排特点 / 171

二、课文解读 / 173

三、课例观摩 / 176

　　1. 通读课文,感知文言 / 176

　　2. 理读课文,了解文意 / 178

　　3. 悟读课文,感受人物 / 184

　　4. 熟读课文,培养语感 / 190

第九讲 如何在朗读和吟诵中体悟古诗的情韵之美
　　　　——以赵志祥《敕勒歌》课堂教学为例 / 193

一、中国古典诗歌的基本常识 / 193

二、课文解读 / 194

　　1. 韵律性 / 195

　　2. 抒情性 / 196

　　3. 意象性 / 197

三、古诗教学的学段特点及基本要求 / 198

四、课例观摩 / 199

　　1. 在朗读过程中引导学生感受诗歌 / 200

　　2. 在吟诵过程中引导学生领悟诗歌 / 210

第十讲　如何在还原意象中开掘古诗的文化意蕴
　　　　——以王崧舟《墨梅》课堂教学为例 / 216

一、还原意象和文化意蕴 / 216
二、《墨梅》的不同版本 / 218
三、课文解读 / 219
四、课例观摩 / 221
　　1. 引经据典，品读"家中梅" / 221
　　2. 知人论世，品读"画中梅" / 227
　　3. 互文参照，品读"心中梅" / 234

后　记 / 243

前　言

2020年春夏之际，新冠肺炎疫情蔓延全球。我国各级各类教学科研及培训，均采用线上模式。

为提供高品质的培训资源，及时满足广大一线教师的在线研修需求，王崧舟工作室联合"千课万人"团队，推出了全新的在线系列教研栏目——"崧舟观课"。

我们从"千课万人"近几年举办的大型观摩研讨会上，从数十位小学语文界的名师所上的数百节最新公开课中，选取了最有代表性的十个课例。我们对这些名师课例进行全程审读、微格分析，并按照预先设定的观课主题和角度，进行模式提炼、深度阐释。

我们希望，把中国当代小学语文界最顶尖、最新颖的课例选取出来，和老师们一起分享，一起欣赏，一起研讨。

我们的观课立足于课程实践、教学实际和课堂实战。理论的宏大叙事，我们暂且回避。这不是说理论不重要，而是对我们一线语文教师来说，实践、实际和实战的需求更为迫切。当然，实践、实际和实战的背后，不能没有学理思考和逻辑思辨。

我们的观课原则具体如下。

第一，把握整体性。观课若只从一个角度切入，就会存在肢解课堂教学的风险。所以，在观课的时候，我们都是从一堂课、一篇课文出发，遵守整体性原则。

第二，把握集中性。任何一堂好课带给我们的思考和启示几乎都是无限的，而我们的时间和精力却是有限的。在这种情况下，我们的策略就是"弱水三千，只取一瓢饮"。我们集中精力，关注、分析一堂课中最有价值、最有特色、最有借鉴意义的内容。

第三，把握迁移性。我们观课时通常会陶醉于名师的教学艺术，会被他们鲜明的教学个性和风格吸引。但是，风格也好，个性也罢，其实是很难学习、很难模仿的。所以，观课的时候，我们应尽可能悬置名师个人的教学风格，虽然这会有一点儿遗憾。但是，考虑到观课角度的实践性、实际性和实战性，我们把主要视角放在了可迁移、可应用、可模仿的教学模式、教学策略和教学技术上。

我们选取的十个课例均符合以下三个要求。第一，必须现场真实，而不是那种事先做过大量准备，甚至有过课前排练的具有表演性质的课例。第二，必须效果扎实，要让我们看到从课始到课终，学生在学习上的增量，在能力上的提升；要让我们看到课堂教学如何将语文要素落到实处，如何将人文精神落到实处。第三，必须底蕴厚实，带给我们的文化启迪是丰富的、绵长的。即使观课结束了，它还能引发我们新的回味与思索，甚至会长期影响我们对语文课堂的理解与实践。

"崧舟观课"一共包括十讲内容。栏目推出后，受到一线语文教师的普遍欢迎。据不完全统计，"崧舟观课"累计点击量达到96000多人次。很多参与观课的语文老师在平台上留言，希望能将"崧舟观课"的内容整理成文字，结集出版，便于他们反复阅读、仔细琢磨。为此，我们组织人员花了半年多时间，反复回看"崧舟观课"十讲的内容并将其整理成文稿。我们按照书面语言的规范，对实录文字进行了适当的修改。

此书于是应运而生。

上篇

第一讲

如何通过语文要素促进学生的思维发展
——以薛法根《灰雀》课堂教学为例

第一讲的主题是"如何通过语文要素促进学生的思维发展",我们以薛法根老师的《灰雀》课堂教学为例。

一、语文要素和思维发展

有两个关键词我们必须提前解释和说明。

第一个关键词是"语文要素"。自统编小学语文教科书面世以来,语文要素就成为语文老师日常谈论最多的话题之一。什么是语文要素?语文要素的内涵是什么?语文要素对我们的语文课堂教学提出了哪些新的要求?

语文学习涉及各种因素,但是有的因素是主要的,有的因素是次要的,语文要素中最关键的是这个"要"字。语文要素是语文学习的必备知识,"必备"体现了"要";语文要素是语文学习的关键能力,"关键"体现了"要";语文要素是语文学习的重要方法,"重要"体现了"要";语文要素还是语文学习的基本习惯,"基本"也体现了"要"。

语文要素主要涉及阅读和习作两个板块。在统编小学语文教科书中,语文要素同时指向阅读学习要素和习作学习要素。事实上,这两者之间既有区别,也有联系——一个指向理解,一个指向运用。这两者之间有着很大的关联性,这是我们在理解单元语文要素时必须关注的。

在一个单元内部，阅读学习要素和习作学习要素有密切的关联，单元与单元之间、学段和学段之间的语文要素也有密切的关联，最终这些语文要素将形成一个指向语文核心素养的体系。可以说，把统编教材设定的语文要素全部扎扎实实地落实了，语文核心素养的落实就不再是一句空话。

语文要素的概念在三年级的统编小学语文教科书中被正式提出，之后一直贯穿到六年级。每个单元都涉及阅读学习要素和习作学习要素，有助于我们更好地把握单元教学目标与内容。

此外，在各个单元中，语文要素与人文主题是双线并进的，但是它们绝非在两条道上跑的车。人文主题是语文要素要表现的内容，没有人文主题，语文要素表现什么？而语文要素是人文主题赖以存在的形式，没有语文要素，人文主题怎么存在？所以，我们一定要注意，两者不是割裂的关系，而是单元学习目标的一体两面。

第二个关键词是"思维发展"。小学语文核心素养包括四个方面，分别是：语言建构与运用、思维发展与提升、审美鉴赏与创造、文化传承与理解。更进一步说，语文核心素养中最重要、最关键、最本质的素养就是语言建构与运用，其他三个方面则蕴含在语言建构与运用中，并最终通过语言建构与运用得以实现。

我们知道，语言的发展有赖于思维的发展。语言是思维的外壳，思维是语言的内核，两者密不可分。

小学生的思维发展指什么？指学生在语言实践的过程中，获得对语言和文学形象的直觉体验，运用联想和想象，丰富自己对现实生活和文学形象的感受与理解，辨识、分析、比较、归纳和概括基本的语言和文学现象，并能有理有据地表达自己的观点，阐述自己的发现。小学生的思维能力包括直觉思维、形象思维、逻辑思维、创新思维等方面。当然，每一个方面还可以进一步细分。

发展学生的思维能力，我认为关键是要培养学生良好的思维品质，主要包括思维的广阔性、思维的深刻性、思维的灵活性、思维的敏捷性及思维的批判性等。

二、课例观摩

这一讲要观摩的课例，是薛法根老师执教的《灰雀》。以下是《灰雀》的课文内容。

有一年冬天，列宁在郊外养病。他每天到公园散步。公园里有一棵高大的白桦树，树上有三只灰雀：两只胸脯是粉红的，一只胸脯是深红的。它们在树枝间来回跳动，婉转地歌唱，非常惹人喜爱。列宁每次走到白桦树下，都要停下来，仰望这三只欢快的灰雀，还经常给它们带来面包渣和谷粒。

一天，列宁又来到公园，走到白桦树下，发现那只胸脯深红的灰雀不见了。他在周围的树林中找遍了，也没有找到。

这时，列宁看见一个小男孩，就问："孩子，你看见过一只深红色胸脯的灰雀吗？"

男孩说："没……我没看见。"

列宁说："一定是飞走了或者是冻死了。天气严寒，它怕冷。"

那个男孩本来想告诉列宁灰雀没有死，但又不敢讲。

列宁自言自语地说："多好的灰雀呀，可惜再也飞不回来了。"

男孩看看列宁，说："会飞回来的，一定会飞回来的。

它还活着。"

列宁问:"会飞回来?"

"一定会飞回来!"男孩肯定地说。

第二天,列宁来到白桦树下,果然又看到那只灰雀欢蹦乱跳地在枝头歌唱。那个男孩站在白桦树旁,低着头。

列宁看看男孩,又看看灰雀,微笑着说:"你好!灰雀,昨天你到哪儿去了?"

当然,灰雀没有告诉列宁昨天它去哪儿了。列宁也没再问那个男孩,因为他已经知道,男孩是诚实的。

这篇课文在统编小学语文教科书三年级上册的第八单元。这个单元的语文要素是"学习带着问题默读,理解课文的意思"。怎么理解这个语文要素?毫无疑问,这个语文要素的核心是思考:"带着问题"是思考,"默读"是思考,"理解课文"当然也是思考。

思考主要分为三个维度。第一个维度,我们在思考什么。我们要明确思考的对象。第二个维度,我们是怎么思考的。我们要知晓思考的方法。第三个维度,我们思考得如何。我们要明确思考的结果。这就是我们对这个单元语文要素的理解。

有了这样的理解,我们再来看看《灰雀》这篇课文的课后思考和练习。

分角色朗读课文,读出对话的语气。

默读课文,想一想,列宁和小男孩在对话的时候,他们各自心里想的是什么?

从哪里能看出列宁和小男孩喜爱灰雀?找出相关的语句读一读,然后和同学交流。

课后思考和练习往往贯彻、融合了整个单元的语文要素。这篇课文的课后思考和练习有三个任务，最能够体现本单元语文要素的，应该是第二个任务。

结合单元语文要素和这篇课文的主要学习任务，我认为，这篇课文的核心目标应该是帮助学生学会带着问题默读对话，揣摩人物内心的想法，体会列宁对儿童的尊重与呵护。这也是薛法根老师执教《灰雀》时设定的核心目标。

薛法根老师用两个课时上完了整篇课文。他围绕着上述核心目标，主要安排了五个教学板块。

第一个板块是读出语气，发展形象思维。薛法根老师着重引导学生读出列宁和小男孩对话时的语气。

第二个板块是理清顺序，发展概括思维。"有一年冬天""一天""第二天"，薛法根老师引导学生按照时间顺序把事情理清楚。

第三个板块是填补空白，发展推理思维。填补哪儿的空白？薛法根老师引导学生用对话填补"你好！灰雀，昨天你到哪儿去了？"这个疑问背后的空白。

第四个板块是揣摩心理，发展想象思维。这是最主要的部分，也是最难的部分。当时列宁和男孩心里究竟是怎么想的？在有的情况下，心里想的和嘴里说的是一致的；更多的情况下，心里想的和嘴里说的是不一致的。这就需要我们把"心里想的"还原出来。

最后一个板块是追问意图，发展深度思维。列宁为什么要这样说？他为什么不把心里的真实想法直截了当地说出来？背后的意图究竟是什么？通过对上述问题的思考，帮助学生体会列宁对儿童的尊重与呵护。

这五个板块很好地落实了这篇课文承载的语文素养。有人问：这样的板块设计和思维发展之间有关系吗？有着怎样的关系？薛法根老师通过语文要素，关注和促进了学生的思维发展。这就是薛法根老师的厉害之处、高明之处，也是他执教的《灰雀》最有价值的地方。我们一起来看一下。

1. 读出语气，发展形象思维
我们先来看看第一个板块：读出语气，发展形象思维。

师：看，老师把人物说的话都罗列出来了，课文里有两个人物，一个是列宁，一个是小男孩。我们来看一下，读一读。（课件呈现课文中列宁与小男孩的对话）列宁说——
生：（齐）"孩子，你看见过一只深红色胸脯的灰雀吗？"
师：男孩答——
生：（齐）"没……我没看见。"
师：列宁说——
生：（齐）"一定是飞走了或者是冻死了。天气严寒，它怕冷。"
师：男孩没说话，列宁继续说。
生：（齐）"多好的灰雀呀，可惜再也飞不回来了。"
师：男孩答——
生：（齐）"会飞回来的，一定会飞回来的。它还活着。"
师：列宁说——
生：（齐）"会飞回来？"
师：男孩答——
生：（齐）"一定会飞回来！"
师：等到第二天，列宁又说——
生：（齐）"你好！灰雀，昨天你到哪儿去了？"
师：课后思考和练习要求我们分角色朗读课文，读出对话的什么？

生：感情。

师：不是感情，是语气。知道什么是语气吗？你在家里听过爸爸妈妈说话吗？

生：听过。

师：假如你做作业的时候拖拖拉拉的，你妈妈很着急，她会怎么说？

生：妈妈会用很生气的语气说。

师：那妈妈是怎么用生气的语气说的？把她的话说出来。

生：忘了。（笑声）

师：你不是忘了，你是在维护你妈妈的形象。（笑声）

生："快点儿做作业，快点儿！"

师："快点儿做作业，快点儿！"对不对？这是很生气的语气，听出来了吧？

生："快点儿给我做作业，否则就不准休息。"

师：这是什么语气？

生：生气的语气。

师：生气是这样的吗？你们模仿得还不太像。

生："你在干吗？"（质问的语气）

师：这是什么语气？

生：问。

师：是质问，对不对？"你在干吗？"这是质问的语气。人们在交流时会使用不同的语气。我们要用耳朵去聆听，用心去感受。在生活中，我们能听到不同的人用不同的语气说话。但是这篇课文有没有直接告诉我们列宁说话时的语气？

生：（齐）没有。

师：我们虽然看不到文中人物的形象，听不到人物的声音，但我们可以凭借文中的一些线索去感受人物说话时的语气。老师教给大家三个法宝。（课件呈现：提示语）语气在哪里？第一个，语气在——

生：提示语。

师：提示语就会告诉你，这句话是什么语气。来，打开课文看一下，把提示语圈出来。你们知道什么叫提示语吧？

生：知道。

师：先拿笔把提示语圈出来，再告诉我哪句话有提示语。

生1："列宁自言自语地说"。

师：自言自语，就是自己对自己说，应该怎么读？

生1："多好的灰雀呀，可惜再也飞不回来了。"

师：注意，他以为灰雀再也不会飞回来了，他内心的感受是什么样的？

生1：伤心。

师：伤心，你来很伤心地自言自语一下。

生1："多好的灰雀呀，可惜再也飞不回来了。"

师："多好的灰雀呀，可惜再也飞不回来了。"注意在这两个分句中间叹一口气。来，读。

生1：哎——

师："哎"不要放在前面，放在中间，好吗？

生1：多好的灰雀呀，哎，可惜再也飞不回来了。

师：好，你体会到了列宁说这句话时内心的情感，非常好。

生2："'一定会飞回来！'男孩肯定地说。"

师：重音落在哪里？

生2：一定。

师：圈出来，这是肯定的语气。

生3："列宁看看男孩，又看看灰雀，微笑着说：'你好！灰雀，昨天你到哪儿去了？'"

师：你怎么一点儿笑容都没有？列宁是微笑着说的，你要让人感觉到你是在微笑，读。

生3："你好！灰雁，昨天你到哪儿去了？"

师：灰什么？

生3：灰雁。

师：人家明明叫灰雀，重新来。

生3："列宁看看男孩，又看看灰雀，微笑着说：'你好！灰雀，昨天你到哪儿去了？'"

师：充满热情地说"你好"！

生3：你好！

师：列宁看看男孩，又看看灰雀，微笑着说——

生3："你好！灰雀，昨天去哪儿了？"

师："昨天你到哪儿去了？"重来。

生3："你好！灰雀，昨天你到哪儿去了？"

师：要非常高兴、非常快乐地说。把"微笑"圈出来，微笑是一种表情，也是提示语。小朋友，我提个小意见，好不好？你每次读到结尾的时候，一定会有一个大的转弯。注意，不要这样。再读一下。

生3："你好！灰雀，昨天你到哪儿去了？"

师：很好，正常了。还有没有同学找到提示语了？

生："男孩看看列宁，说：'会飞回来的，一定会飞回来的。它还活着。'"

师：他是一边看着列宁一边说的，下面还有一句——

生："列宁问"。

师：把这个"问"字圈出来，问就是提问，你来读一下。

生："会飞回来？"

师：还有一句我们没找到。

生:"孩子,你看见过一只深红色胸脯的灰雀吗?"

师:列宁找了很多地方都没找到灰雀,他问的时候是怎样的一种语气?

生:着急的。

师:写下来。他很着急,所以读的时候语速要快一点儿。

生:"孩子,你看见过一只深红色胸脯的灰雀吗?"

师:真好。你看,有提示语,我们就能读出语气了。老师现在教给大家第二个法宝。(课件呈现:语气词)"你看见过一只深红色胸脯的灰雀吗?"这句话中有语气词"吗"。还有一句"昨天你到哪儿去了?"这个"了"应拉长,读成"啦",感觉会更好,谁来读一下?

生:"你好!灰雀,昨天你到哪儿去啦?"

师:真好,会读了。老师现在要教给你们第三个法宝。(课件呈现:标点符号)

生:(齐)标点符号。

师:现在找一找,哪句话的标点符号能告诉你语气?

……

这是"读出语气,发展形象思维"板块。在这个板块里,薛法根老师教给了学生三个法宝——提示语、语气词、标点符号,让学生模拟人物在对话时的语气。在这个过程中,学生一边体会人物形象,一边读出人物对话时的情感。从语文学习的角度来看,学生练习的似乎是读出语气;而从思维发展的角度来看,学生正在经历形象思维的发展和提升。

2. 理清顺序,发展概括思维

通过上一个板块的学习,学生基本上完成了对课文主要内容的感知,但很显然,这还不够,因为学生还没有很好地把握故事的线索。于是,薛法根老师的教学就进入了下一个板块:理清顺序,发展概括思维。

师:这篇课文写了什么,你们懂不懂?
生:(齐)懂。
师:请大家将课文中交代时间顺序的词语找出来。
生:有一年冬天。
师:再往下看。
生:一天。
师:再往下看。
生:第二天。
师:可见本文是按时间顺序写的。
(课件呈现)

有一年冬天
一天
第二天

师:有一年冬天,列宁来到一棵白桦树下,他看见了什么?
生:看见了三只灰雀。
师:是什么样的灰雀呢?在灰雀前边加一个词语。
生:欢快。
师:很好,说完整。
生:有一年冬天,列宁看见三只欢快的灰雀。
师:非常好。一天,列宁又来到白桦树下。注意,这次他发现了什么？

　　生：发现那只深红色胸脯的灰雀不见了。

　　师：说完整。

　　生：一天，列宁发现那只深红色胸脯的灰雀不见了。

（课件呈现）

> 有一年冬天，列宁看见_____。
> 一天，列宁发现_____。
> 第二天

　　师：明白了吗？用笔把重要的词画下来。好，老师把第二句话中的句号改成逗号，一个男孩说了什么？

　　生：他告诉列宁灰雀会飞回来的，一定会飞回来的。

　　师：非常好。画下来，重要的句子都要画下来。

（课件呈现）

> 有一年冬天，列宁看见_____。
> 一天，列宁发现_____，一个男孩说_____。
> 第二天

　　师：来，第二天——

　　生：第二天，列宁又看到那只深红色胸脯的灰雀在树上欢快地跳动。

（课件呈现）

> 有一年冬天，列宁看见_____。
> 一天，列宁发现_____，一个男孩说_____。
> 第二天，列宁又看见_____。

师：非常好。现在，你能用一段话把这三句话连起来说吗？

生：有一年冬天，列宁看到一棵白桦树上有三只灰雀。一天，列宁又来到树下，发现一只深红色胸脯的灰雀不见了。一个男孩告诉他，那只灰雀会飞回来的，它还活着。第二天，列宁果然又看见那只深红色胸脯的灰雀欢蹦乱跳地在枝头歌唱。

师："欢蹦乱跳地在枝头歌唱"，说得非常好，掌声鼓励一下。(掌声)小朋友们，根据老师的提示，画出课文中重要的语句，就叫概括。概括时要注意两点：第一，要按照一定的顺序，"有一年冬天、一天、第二天"；第二，要抓住课文中重要的语句。明白了吗？

这是一个典型的概括思维的训练过程。薛法根老师先把写作顺序的框架列出来，然后引导学生抓其中的关键语句，最后整合成故事的主要内容。从语文学习的角度看，这是概括主要内容；而从思维发展的角度看，学生正在经历概括思维的学习过程。

3. 填补空白，发展推理思维

能读出人物对话的语气，弄清楚了课文的主要内容，接下来该干什么呢？薛法根老师继续引导学生研读列宁和小男孩之间的对话。但是，这次他要研读的不是对话的表层，不是听得见的对话，而是对话的空白部分。如何通过填补空白，发展推理思维呢？我们继续欣赏。

师：老师有一个问题，列宁最后问："你好！灰雀，昨天你到哪儿去了？"灰雀昨天去哪儿了？你们知道吗？

生：它被抓了。

师：没讲完整。

生：灰雀昨天被小男孩抓了。

师：被小男孩抓走了。

生：灰雀昨天晚上飞到小男孩的家门口去了。

师：它自己飞到小男孩的家门口去了？这位同学，你猜这只灰雀去哪儿了？

生：到小男孩家里去了。

师：是飞去小男孩家做客吗？

生4：不是，是被小男孩关起来了。

师：请你说说你的看法。

生4：我觉得灰雀是被小男孩抓走，关在鸟笼里了。因为文中这里出现了省略号，说明小男孩说谎了。

师：哪一句说明他说谎了？

生4："没……我没看见。"

师：你像个侦探一样分析一下，如果他没抓这只灰雀，他应该怎么回答？

生4：我没有看见。

师：正常情况下，小男孩应该回答"我没看见"，而不会像文中所写的"没……我没看见"，对不对？好，我们从这里判断出来灰雀被他抓走了。好，我们说灰雀被小男孩抓走了，一定要有证据，这是第一个证据，就是"没……我没看见"。还有没有第二个证据？

生：作者在文中说，小男孩本来想告诉列宁灰雀没有死，但又不敢讲。

师：我们从作者的话中可以判断出灰雀是被小男孩抓走的。好，这是第二个证据，有没有第三个证据？

生：小男孩对列宁说"它还活着"，如果灰雀不是被他抓了，他是不可能知道的，我们由此可以判断出灰雀是被小男孩抓走的。

师：明白了没有？谁才知道它还活着？抓它的人、关它的人才知道。我们知不知道？不知道。好，这是第三个证据。

生：男孩肯定地说："一定会飞回来！"如果他不知道灰雀在哪里，干吗肯定地说。

师：这就说明这只灰雀能不能飞回来的决定权在谁手里？

生：在小男孩手里。

师：他想让它回来，它就——

生：回来。

师：他不想让它回来，它就——

生：不能回来。

师：我们可以判断出这只灰雀在谁手里？

生：小男孩。

师：几个证据？

生：四个。

师：还有没有？你们找到的这些是小男孩的话和作者的话，还有一个证据谁能发现？（停顿）

生：原文。

师：好，原文写得很清楚，你来找找看。

生："那个男孩站在白桦树旁，低着头。"他如果没有做错事，为什么要低着头，还一句话都不说呢？看见列宁来了，他应该说："嗨，恭喜你找到了你的灰雀。"

师：恭喜你，说得真好，掌声鼓励一下。（掌声）小朋友，你太可爱了，我最喜欢你。同学们发现没有，人家是有激情的人！好了，这只灰雀是被抓走的吧？

生：是的。

师：是去做客还是被抓走了？

生：被抓走了。

师：同学们，我们这样说话，叫作有根据地说话，明白了没有？我们刚才努力寻找，发现以上五个证据可以证明灰雀是被小男孩抓走的。

薛法根老师说了一句非常关键的话——"有根据地说话"。根据是什么？根据就是证据，有了证据才可以推理，才可以推断，才可以下结论。所以，从语文学习的角度来看，学生似乎是在抓关键语句，但是从思维发展的角度来看，这是一个精彩的推理思维的训练过程。学生在语言实践的过程中，不仅经历了形象思维的学习，还经历了抽象思维的学习。那么，还有没有更高层次的思维学习需要学生去经历呢？

4. 揣摩心理，发展想象思维

接下来的这个教学板块是这堂课最精彩的部分，也是最值得我们玩味的地方。薛法根老师引导学生通过对话去揣摩人物的心理活动，把人物的心理活动过程用语文的方式呈现出来，这其实就是促进学生想象思维发展的过程。想象思维不同于一般的形象思维，也不同于逻辑抽象思维，它属于一种创造性思维，既涉及形象思维，也涉及抽象思维。我们继续欣赏。

（课件呈现列宁与小男孩的全文对话）

师：在生活中，两个人在对话时，有时嘴上这么说，心里却不这么想。我们看一下列宁和小男孩的对话，看看哪些句子能够反映他们心里想的和实际说的是不一样的。给大家5分钟时间找一找。

（生仔细查找）

师：我们来听一听，列宁嘴上说"孩子，你看见过一只深红色胸脯的灰雀吗"，他心里可能不是这么想的。男孩嘴上说"没……我没看见"，其实他心里想——

生：男孩嘴上说"没……我没看见"，心里想"它被我抓走了，但是我不能告诉你"。

师：列宁嘴上说"一定是飞走了或者是冻死了。天气严寒，它怕冷"，心里想——

生：一定是被你抓走了。

师：男孩沉默，不说话，心里想——

生：真想告诉你，可是……

师：列宁说"多好的灰雀呀，可惜再也飞不回来了"，其实心里想——

生：你能把它放了吗？

师：男孩说"会飞回来的，一定会飞回来的。它还活着"，心里想——

生：我要把它放了。

师：列宁问："会飞回来？"心里想——

生：你要把它放了？

师：男孩说"一定会飞回来"，其实男孩心里想——

生：我一定会把它放了。

师：列宁说"你好！灰雀，昨天你到哪儿去了"，其实心里想——

生：灰雀，我们又见面了。

师：他心里是这么想的吗？

生：你在小男孩家里过得好吗？

生：灰雀，你昨天是不是被小男孩抓走了？

师：不对，灰雀肯定是被小男孩抓走了。

生：灰雀，你昨天晚上在小男孩家有没有吃晚饭呢？

师：有没有受虐待呢？有没有被伤害呢？这些才是列宁会想的。好，最后小男孩没说话，但他其实心里想——

生：对不起，灰雀，是我把你抓走了。

师：很好，还有不一样的吗？小男孩心里有很多话。

生5：如果灰雀一说，我就漏底了。

师：重新说一遍。

生5：如果灰雀一说，我不就漏底了吗？

师：我听明白了，请你再说一遍。

生5：如果灰雀一说，我不就漏底了吗？

师：他担心什么？是漏底还是什么？

生5：糟了，如果灰雀会说话我不就完蛋了吗？

师：很好，我再请一个女生来说一下，准备好了吗？

生6：没有。

师：来，站起来说吧。我们来试试。

生6：我的想法跟别人差不多呀。

师：差不多，就是读得不一样。来，我来说，你来读这个句子，好吧？

生6：好。

师：男孩说"没……我没看见"，其实心里想——

生6：灰雀是被我抓走的，但是我不告诉你。（开心地说）

师：他有这么开心吗？他当时是很紧张的，我们要把他紧张的心情读出来，男孩说"没……我没看见"，心里想——

生6：灰雀是被我抓走的，但是我不告诉你。

师：列宁说"一定是飞走了或者是冻死了。天气严寒，它怕冷"，其实心里想的是——

生6：一定是被你抓走的。

师：男孩沉默了，其实他心里想——

生6：它在我家里活得好好的。

师：列宁说"多好的灰雀呀，可惜再也飞不回来了"，其实心里想——

生6：你为什么要抓它？

师：男孩说"会飞回来的，一定会飞回来的。它还活着"，其实心里想——

生6：我一定会让它飞回来，一定放了它。

师：列宁问："会飞回来？"其实心里想——

生6：你会把它放出来？

师：男孩说"一定会飞回来"，其实心里想——

生6：我一定会把它放出来。

师：列宁说"你好！灰雀，昨天你到哪儿去了"，其实心里想——

生6：你好，灰雀，昨天你在小男孩家过得好吗？

师：男孩又沉默了，其实心里想——

生6：对不起，灰雀，我再也不伤害你了！

这个板块太精彩了！薛法根老师非常高效地结合这篇课文的具体任务落实了这个单元的语文要素。学生完全理解了人物的内心活动，理解得既细腻准确，又富有童心。学生对两个人物心理活动的揣摩，就是在发展有品质的想象思维。学生联系上下文，结合自己的生活经验，准确、细腻地想象了两个人物的心理活动，不仅加深了对人物形象的体会，也有效提高了自己的想象思维能力。

5. 追问意图，发展深度思维

一般的教学大概到"揣摩人物心理"就结束了，但让人没有想到的是，薛法根老师的《灰雀》峰回路转，又给我们转出了一重新的境界——追问意图，发展深度思维。也就是说，学生已经用语文的方式将两个人物内心的真实想法呈现出来，他们需要进一步思考的是，既然心里是这样想的，为什么不直接说出来呢？这个问题可以推动学生对两个人物内心最真实的动机，也是最柔软之处的思考。可以说，这个问题触及了文本的灵魂。我们继续欣赏。

师：小男孩为什么不把心里话说出来？

生：要是说出来就暴露了。

师：他的目的是什么？

生：隐藏这个秘密。

师：对，每个人都有秘密。（停顿）他害怕列宁知道这个秘密后批评他。每个人都有这样的小心思，对不对？这是可以理解的。那列宁为什么不把心里话直接说出来呢？

生：因为他不想伤害小男孩的情感。

师：说得真深刻，再说一遍。

生：因为他不想伤害小男孩的情感。

师：还有吗？列宁为什么不实话实说？

生：因为如果他说了实话，小男孩就会感觉列宁知道了自己心里的秘密。

师：那就让人很难堪，下不了台，是吧？所以列宁没有说心里话。你说。

生：因为他想考验一下小男孩。

师：考验他什么？

生：考验他诚不诚实。

师：考验他什么？诚不诚实？有道理。

生：因为他说实话可能会伤害小男孩的感情。

师：伤他的心，这个说过了，有不一样的吗？

生：让他改正自己的错误。

师：再说一遍。

生：让他改正自己的错误。

师：再说一遍。

生：让他改正自己的错误。

师：听到了没有？

生：（齐）听到了。

师：列宁想给小男孩一个自己认识错误、改正错误的机会。（停顿）这样的人你们喜欢吗？

生：（齐）喜欢。

师：所以列宁是一个伟大的人物！小男孩这样的人你们喜欢吗？

生：喜欢。

师：小男孩就是你们。

学生的思考真正触及了这个文本的核心和灵魂，三年级的学生能够有这样的认识，非常了不起！这得益于薛法根老师搭建的支架和循循善诱。

教学反映的其实是老师的站位和境界。语文课程要落实立德树人，必须以语文的方式，必须以隐性、自然、融合的方式。我们在这个板块中看到，薛法根老师正是这样思考的，也是这样实践的。应该说，这是一个促进学生思维发展和精神提升的教科书级别的范例。

下面，我们主要从通过语文要素促进学生思维发展的角度来分析、提炼这节课带给我们的启示。

第一，将语文要素置于语文核心素养这个大背景之下，既着眼于语文局部要素的落实，又着眼于语文整体素养的发展。一些教师在思考、实践的时候，往往容易忽略语文整体素养的发展。薛法根老师的这节课，在着眼语文整体素养发展方面，为我们提供了样板，指明了方向。

第二，思维的发展与提升，必须依托语言实践，在语文要素的建构和运用的过程中得以实现。我们不能就思维论思维，思维发展与语文发展不能成为两股道上跑的车。

第三，要按照学生思维发展的一般心理过程，培养和提高学生的思维品质。薛法根老师的这堂课，就是非常典型地按照思维发展的一般心理过程来设计的。首先是发展学生的形象思维，然后是发展学生的逻辑抽象思维，最后是发展学生的创造思维和深度思维，层层递进，拾级而上。

第四，要尽量展露语文要素学习过程中隐含的思维过程。因为思维过程是看不见、摸不着的，隐含在语文要素的学习中，所以我们语文老师要用自己的经验和智慧，把这个过程展露出来，尽可能地以语文的方式来呈现学生的思维过程和结果，可以是口语交际，可以是小练笔，也可以是有感情的朗读，等等。

总之，我们既要落实统编教材的语文要素，又要着眼于学生的语文核心素养。只有这样，语文要素的落实才不会沦为单一的、机械的、僵化的技能训练。

（刘青、陈婷婷根据讲座视频整理，有改动）

第二讲

如何让语文要素在生成性教学中落地
——以蒋军晶《总也倒不了的老屋》课堂教学为例

第二讲的主题是"如何让语文要素在生成性教学中落地",我们以蒋军晶老师执教的《总也倒不了的老屋》课堂教学为例。

一、预测的内涵及教学困境

《总也倒不了的老屋》选自统编小学语文教科书三年级上册第四单元(阅读策略单元)。本单元的语文要素包括如下内容:第一,一边读一边预测,顺着故事情节去猜想;第二,学习预测的一些基本方法;第三,尝试续编故事。从阅读学习的角度看,本单元的语文要素指向预测这一阅读策略。

接下来,我们从《总也倒不了的老屋》的文本出发,进一步说明阅读时预测的意义、方法和内容。以下是《总也倒不了的老屋》的课文内容。

总也倒不了的老屋

老屋已经活了一百多岁了。它的窗户变成了黑窟窿,门板也破了洞。它很久很久没人住了。

"好了,我到了倒下的时候了!"它自言自语着,准备往旁边倒去。

"等等,老屋!"一个小小的声音在它门前响起,"再过一个晚上,行吗?今天晚上有暴风雨,我找不到一个安心睡觉的地方。"

老屋低头看看,吃力地眯起眼睛:"哦,是小猫啊。好吧,我就再站一个晚上。"

第二天,天晴了。小猫从破窗户里跳了出来:"喵喵,谢谢!"

老屋说:"再见!好了,我到了倒下的时候了!"

"等等,老屋!"一个小小的声音在它门前响起,"再过二十几天,行吗?主人想拿走我的蛋,可是我想孵小鸡。我找不到一个安心孵蛋的地方。"

老屋低头看看,墙壁吱吱呀呀地响:"哦,是老母鸡啊。好吧,我就再站二十几天。"

二十多天后,老母鸡从门上的破洞里走了出来,九只小鸡从门板下面叽叽叫着钻了出来:"叽叽,谢谢!"

老屋说:"再见!好了,我到了倒下的时候了!"

"等等,老屋!"一个小极了的声音在它门前响起,不注意根本听不到,"请再站一会儿吧,我肚子好饿好饿,外面的树被砍光了,我找不到一个安心织网抓虫的地方。"

老屋低头看看,眼睛眯成一条缝:"哦,是小蜘蛛啊。好吧,我就再站一会儿。"

小蜘蛛飞快地爬进屋子,在墙角织了一张又大又漂亮的网。偶尔有虫子撞到网上,小蜘蛛马上爬过去把虫子吃掉。

"小蜘蛛,你吃饱了吗?"老屋问。

"没有,没有!"小蜘蛛一边忙着补网,一边回答,"老屋老屋,我给你讲个故事吧!"

老屋想,这倒很有意思。于是它就开始听小蜘蛛讲故事。

小蜘蛛的故事一直没讲完，因此，老屋到现在还站在那儿，边晒太阳，边听小蜘蛛讲故事。

首先，预测的意义——为什么要边读边预测？

我们先看一下这篇课文的编写体例。课文的两边有旁批，这些旁批为学生提供了学习预测的范例。从旁批入手，我们可以发现阅读时预测的意义究竟有哪些。

旁　批	预测的意义
老屋总也倒不了，是被施了魔法吗？	引发阅读期待
图中的老屋看上去那么慈祥，它应该会答应吧！	扩大阅读视野
我想老屋可能会不耐烦了。	调动生活体验
一读到这句话，我就知道，一定又有谁来请老屋帮忙了。	发现叙事规律
我猜到了老屋会怎么回答。	
老屋可能还会遇到其他需要帮助的小动物。	激活阅读经验
估计老屋不会倒了。	满足阅读期待

结合这些旁批我们不难发现，主动预测对理解文本意义、促进深度思考、保持阅读期待等发挥着重要而独特的作用，这就是预测的意义。

其次，预测的方法——怎样边读边预测？

旁　批	预测的方法
老屋总也倒不了，是被施了魔法吗？	依据故事题目预测
图中的老屋看上去那么慈祥，它应该会答应吧！	依据故事插图预测
我想老屋可能会不耐烦了。	依据生活体验预测
一读到这句话，我就知道，一定又有谁来请老屋帮忙了。	依据叙事规律预测
我猜到了老屋会怎么回答。	
老屋可能还会遇到其他需要帮助的小动物。	依据阅读经验预测
估计老屋不会倒了。	依据文章线索预测

　　显然，作为一项基本的阅读策略，预测具有丰富多样的方法和路径。它既和预测的内容相关联，不同的预测内容应采用不同的预测方法；又和预测的依据密不可分，依据不同，预测的路径也往往不同。

　　最后，预测的内容——边读边预测什么？

旁　批	预测的内容
老屋总也倒不了，是被施了魔法吗？	预测故事的原因
图中的老屋看上去那么慈祥，它应该会答应吧！	预测人物的行为
我想老屋可能会不耐烦了。	预测人物的心理
一读到这句话，我就知道，一定又有谁来请老屋帮忙了。	预测类似的情节
我猜到了老屋会怎么回答。	
老屋可能还会遇到其他需要帮助的小动物。	
估计老屋不会倒了。	预测故事的结局

　　结合课文中的旁批，我们从三个方面解读了本单元的语文要素——预测。不过，按照我们此前的解读，教师至少会遇到两大教学

困境。第一大教学困境是,多头绪的语文要素学习与有限的教学时间之间存在矛盾。在解读本单元的语文要素时,我们明显感觉教学内容实在太多了:预测的意义,预测的方法,预测的内容,等等。教师如何在有限的时间内教授这么多的内容呢?

第二大教学困境是,文本本身的确定性与预测的生成性之间存在矛盾。我们不可能先得出结论再去预测,预测一定是一边读一边预测。也就是说,读前面的内容时是不知道后面的内容的,这样的预测才有意义和价值。真实的预测一定具有生成性,但是《总也倒不了的老屋》这个文本却已经展露无遗,编者提供的批注也清清楚楚地呈现在学生面前,生成性无从谈起。

也许有人会说,我不让学生预习,不让他们知道这个文本的内容。这不太现实。到了三年级,学生已经基本养成了预习的习惯。无论你怎么做,文本的确定性是不可避免的。那么,文本的确定性一旦被坐实,预测的生成性又该如何落实呢?

二、课例观摩

蒋军晶老师的这堂课之所以带给我们冲击,就在于他对这两个教学困境实现了突围。

我们先来看第一个教学困境,多头绪的语文要素学习与有限的教学时间之间存在矛盾。蒋军晶老师做了一个大胆的取舍,确立了一个核心目标——依据叙事规律,预测类似情节。蒋军晶老师整堂课就围绕着这个核心目标展开教学。只有这样,他才可以集中精力深挖细掘。

蒋军晶老师为什么要确立这个核心目标呢?我认为至少有这样四个理由。第一,"叙事有规律"是这个文本最显著的写作特点。第二,

"依据叙事规律,预测类似情节"是旁批中使用最多的方法,七条批注中有两条使用了这一方法。第三,"依据叙事规律,预测类似情节"是本单元最主要的迁移策略,学生学习完这篇精读课文之后,在学习后两篇略读课文时就可以进行迁移。第四,"叙事有规律"也是童话类文本最常见的写作特点。

讲到叙事规律,我们不得不说一说一个与叙事规律相关的概念——"情节单元"。所谓情节单元,就是情节内部相对完整、独立的故事文段,而一个个情节单元组合起来便构成了故事的整个情节。情节单元的组织方式不同,情节类型便不同。比如,有的文本是线性情节,有的文本是环状情节。《总也倒不了的老屋》就属于环状情节类型。

	情节单元一	情节单元二	情节单元三
老屋想要倒下	我到了倒下的时候了	我到了倒下的时候了	我到了倒下的时候了
有人需要帮助请求老屋别倒下	小猫 找不到安心睡觉的地方	老母鸡 找不到安心孵蛋的地方	小蜘蛛 找不到安心织网抓虫的地方
老屋答应不倒下	再站一个晚上	再站二十几天	再站一会儿
向老屋表示感谢	喵喵,谢谢	叽叽,谢谢	给你讲个故事吧

以上就是这个文本的情节单元。三个小故事,一环套一环,老屋这个主人公把它们串了起来,所以这个故事属于环状情节类型。很多童话故事都属于环状情节类型,而且作者大多是根据环状情节的特点展开创作的。

我们再来看第二个教学困境,文本本身的确定性与预测的生成性之间存在矛盾。蒋军晶老师的做法是围绕核心目标,设计有效教学。

他设计了两个板块：第一，提取关键信息，发现叙事规律；第二，依据叙事规律，预测类似情节。

1. 提取关键信息，发现叙事规律

在第一个板块中，蒋军晶老师非常成功地贯彻了生成性教学这一思想。所谓生成性教学，就是指在弹性预设的前提下，教师和学生在教学过程中根据不同的教学情境，自主构建教学活动的过程。

接下来，就让我们一起走进蒋军晶老师执教的《总也倒不了的老屋》，看看他是如何在生成性教学中引导学生提取关键信息、发现叙事规律的。

师：我们今天要合作填这张表格。你们看，这张表格有好多格子。

（课件呈现）

师：都让你们填的话，蒋老师也挺心疼的，所以我填了一部分，我们先来看一看。

生：好。

（课件呈现）

好了，我到了倒下的时候了！					

师：你们看，第一列的第一行我已经填好了，我们一起来读一读。

生：（齐读）"好了，我到了倒下的时候了！"

师：读得真好，说明你们老师教得非常好。我把这句话填到第二行，再读。

（课件呈现）

好了，我到了倒下的时候了！					
好了，我到了倒下的时候了！					

生：（齐读）"好了，我到了倒下的时候了！"

师：我现在请一个小朋友猜一猜，左边第一列的最后一行填什么，你的理由是什么？（个别学生举手）作为老师我当然希望所有孩子都举手，所以我可以等一会儿。（多数学生举手）这一列最后一行填什么？理由是什么？可以试试看吗？

生1：我觉得应该是"好了，我到了倒下的时候了！"

师：就是填同一句话，对不对？（生点头）你的理由是什么？

生1：我的理由是，有些课文前面是一样的，后面也应该是一样的。

师：我没听懂。谁也填了这句话？能不能把理由说清楚？

生：因为上面两行都是这句话，最后一行应该也是这句话。

师：你的理由可能跟她一样，是不是？（生1点头）你们有没有发现，这一列的最后一行真的是这句话哦！

（课件呈现）

好了，我到了倒下的时候了！					
好了，我到了倒下的时候了！					
好了，我到了倒下的时候了！					

师：我可不是乱填的，而是根据这个故事来填的，因为这句话在故事里出现了三次，对不对？

生：（齐）对。

师：这句话老屋反复说了三次，是这样吧？

生：（齐）是。

师：老屋之所以反反复复说这句话，是因为它年纪太大了。好，现在问题来了。在这个故事里，我们不仅能从这三句话中看出老屋年纪很大，还可以从其他句子看出来。现在请你们拿起笔，把这些句子画一下。

（生看书画句子）

师：找好了吗？我现在不请人回答，我们来对照一下，很多时候学习就是对照、寻找。我相信大部分人画了这段话，我们先读一读。

（课件呈现《总也倒不了的老屋》第1自然段）

生：（齐读）"老屋已经活了一百多岁了。它的窗户变成了黑窟窿，门板也破了洞。它很久很久没人住了。"

师：我相信大部分人都画了这段话，因为这段话太明显了。画了的同学请举手。

（生纷纷举手）

师：（对没举手的学生说）你们落下了，太可惜了！我说它明显是因为句中的一些关键词直接就点明老屋年纪很大了，谁来清楚地说一说？

生："老屋已经活了一百多岁了"，一百多岁的人肯定是很老了。

师：那当然，"一百多岁"是关键信息，还有吗？

生：它的窗户已经成了黑窟窿，门板也破了洞。

师："黑窟窿""破了洞"，还有吗？

生：很久很久。

（课件呈现《总也倒不了的老屋》第1自然段，且"一百多岁""黑窟窿""破了洞""很久很久"呈红色）

师：所以，如果你没有画出这段话，实在有点儿可惜，我要走到你们俩旁边。（师走到没画这段话的两个同学旁边）没画吧？可惜了。但文中不止这一处，我们来看。

（课件呈现）

好了，我到了倒下的时候了！				低头看看，吃力地眯起眼睛
好了，我到了倒下的时候了！				
好了，我到了倒下的时候了！				

师：你们会发现，我又往表格第五列第一行里填了字，我们一起读一读。

生：（齐读）"低头看看，吃力地眯起眼睛"。

师：这句话可以说明老屋年纪很大了，对吗？这个故事里还有两处动作描写可以说明老屋年纪很大了，是不是？请大家把书本合上。

（生合上书本）

师：如果你刚才仔细找了、画了，你应该想得起来。谁能说一说，哪一处动作描写也能说明老屋年纪很大了？这个故事是有规律的。

生："老屋低头看看，墙壁吱吱呀呀地响。"

师：我给你竖大拇指！一个女孩子说"对对对"，你被一个女孩子欣赏了，你知道吗？（笑声）

（课件呈现）

好了，我到了倒下的时候了！				低头看看，吃力地眯起眼睛	
好了，我到了倒下的时候了！				低头看看，墙壁吱吱呀呀地响	
好了，我到了倒下的时候了！					

师：我们一起读一读。

生：（齐读）"低头看看，墙壁吱吱呀呀地响"。

师：第五列的第三行填什么？谁能想得起来？刚才没画的同学肯定想不起来，因为画都没画嘛。

生："老屋低头看看，眼睛眯成一条缝。"

师：真的是这句话哦。我们一起读一读。

（课件呈现）

好了，我到了倒下的时候了！				低头看看，吃力地眯起眼睛	
好了，我到了倒下的时候了！				低头看看，墙壁吱吱呀呀地响	
好了，我到了倒下的时候了！				低头看看，眼睛眯成一条缝	

生：（齐读）"低头看看，眼睛眯成一条缝"。

师：我们从这些动作描写中可以看出老屋很老了，是不是？它们的出现是有规律的。刚才把这三句话都画了的同学请骄傲地举手！

（生纷纷举手）

师：没画的同学请现在补上，其他同学耐心地等待。

（部分学生圈画课文）

师：补好了吧？我又在这张表格上填了一些字。

（课件呈现）

好了，我到了倒下的时候了！	小猫	一个晚上	我找不到一个安心睡觉的地方	低头看看，吃力地眯起眼睛	喵喵，谢谢
好了，我到了倒下的时候了！				低头看看，墙壁吱吱呀呀地响	
好了，我到了倒下的时候了！				低头看看，眼睛眯成一条缝	

师：我在第二列第一行中填的是"小猫"，你们知道为什么吗？我在第一行的其余几格里填的是"一个晚上""我找不到一个安心睡觉的地方""喵喵，谢谢"。你们能填写剩下的空格吗？

生：（自信满满）能。

师：真的吗？这堂课我已经上过两次了，快一点儿的班级要用时五分钟，慢一点儿的班级要用时七八分钟，我看看我们班要用多长时间。拿到表格之后就迅速开始写，不讨论，明白吗？

生：明白。

（生认真填表格）

师：好，抬起头来，看屏幕。我不请同学一个个说了，你们自己核对，没写完的就看看自己是不是就是打算这样填，如果是，那就算你填对了，明白了吗？我要出示表格了哦！

（课件呈现）

好了，我到了倒下的时候了！	小猫	一个晚上	我找不到一个安心睡觉的地方	低头看看，吃力地眯起眼睛	喵喵，谢谢
好了，我到了倒下的时候了！	老母鸡	二十几天	我找不到一个安心孵蛋的地方	低头看看，墙壁吱吱呀呀地响	叽叽，谢谢
好了，我到了倒下的时候了！	小蜘蛛	一会儿	我找不到一个安心织网抓虫的地方	低头看看，眼睛眯成一条缝	老屋老屋，我给你讲个故事吧

师：你们是这样填的吗？（个别学生回答"是"）最后一个空格填起来有点儿难，这里应该填"老屋老屋，我给你讲个故事吧"。填表格是很辛苦，但是你填完之后会发现，这个故事是有规律的。（师站到投影屏幕前指向表格）第一行、第二行和第三行的内容是不是差不多？

生：是。

师：我们看着这张表格就可以把故事的每个情节讲出来。你们想听蒋老师讲故事吗？

生：（齐）想。

师：（讲故事）有一天，老屋自言自语："好了，我到了倒下的时候了！"这时它的身边响起一个声音："再等一个晚上好吗？今天晚上要下暴风雨，但是我找不到一个安心睡觉的地方。"老屋低头看看，吃力地眯起眼睛，看到了小猫，它答应了小猫的请求。第二天，雨过天晴，小猫从老屋里走了出来，对老屋说："喵喵，谢谢！"

是不是这样讲的？给我点儿掌声鼓励一下。（掌声）刚才是我在讲故事，现在你们能不能看着这张表格，选择其中一行来讲故事？

生：能。

师：你们觉得哪一行最难讲？

生：第三行。

师：有敢挑战第三行的吗？（生纷纷举手）厉害！我说"开始"后，你们就自己练习，最好发出声音，几分钟之后我会按学号请同学讲故事。咱们班有学号吗？

生：（齐）有。

师：所以每一个人都有可能被抽到，如果你讲得不好，你可能会觉得很难堪。好，开始练习。

（生自由练习讲故事）

师：好，我要开始请同学讲故事了。咱们班一共有多少人？

生：46人。

师：我儿子是3月8号出生的，38号是谁？（一生站起来）你被抽中了，你选择哪一行？

生：最后一行。

师：不管她讲得怎么样，我们都要耐心地听完，做不做得到？

生：（齐）做得到。

生：（讲故事）老屋已经活了一百多岁了，它自言自语："再见！好了，我到了倒下的时候了！"忽然，门前响起了一个极小极小的声音。老屋低下头，朝门前张望，眼睛眯成了一条缝："啊，原来是小蜘蛛啊。"小蜘蛛说："我找不到一个安心织网抓虫的地方，我能在你的门口织网抓虫吗？"老屋答应了。过了一会儿，老屋问小蜘蛛："小蜘蛛，你吃饱了吗？"小蜘蛛说："没有，没有，请再过一会儿吧！老屋，我给你讲个故事吧！"老屋想，这倒是很有意思。于是，它就开始听小蜘蛛讲故事。小蜘蛛的故事很长很长，老屋到现在还站在那里听小蜘蛛讲故事。

师：真好！掌声鼓励她。（掌声）我要表扬你们，你们真的都耐心地听她讲完了。

我们从这个教学片段中可以清楚地看到蒋军晶老师是如何引导学生提取关键信息、发现叙事规律的。教学目标和教学线索非常清晰，没有其他任何枝枝蔓蔓的东西。

同时，这个教学片段也非常好地回答了我们提出的该如何突破两大教学困境的问题。要大胆取舍，删繁就简，将语文要素的落实集中到一个点上——"依据叙事规律，预测类似情节"；同时，重构课程，调整秩序，使学生在真实的生成性教学中学会预测这一阅读策略。

蒋军晶老师的教学立足于学生的真实学情。真实学情是学生已经预习过课文了，而且预习得还比较充分，读课文也读得非常通顺，也了解课文的内容、旁批的内容、课后思考和练习等。面对这样的学情，蒋军晶老师是如何让学生在生成性教学中提取关键信息，发现叙事规律的呢？

第一，让学生经历知识的建构过程。

蒋军晶老师将文本分成三个相对独立又环环相扣的情节单元，让学生真实地经历知识的建构过程：呈现一个关键信息，让学生从该信息入手，提取一串关键信息；呈现一个新的关键信息，让学生依照其中的规律到文本中去搜索、补充相关的关键信息。学生不是对课文内容进行简单的回忆，而是重新加工，加工的依据就是这个童话故事的叙事规律。而这个叙事规律的发现过程，对学生来说是全新的。

第二，给学生留足独立思考和参与的时间。

蒋军晶老师让每个学生独立思考、独立阅读、独立准备，让每个学生都积极参与，让学习真实地发生，让学生在生成性教学中一步步地建构知识、完成学习任务。

2. 依据叙事规律，预测类似情节

蒋军晶老师这堂课的第二个板块是依据叙事规律，预测类似情节。

学生经过上一个板块的学习，已经有了可以迁移的认知框架。接下来我们继续观摩，看看蒋军晶老师是怎样在生成性教学中将"预测"这一语文要素落到实处的。

师：蒋老师要把难度升级了，可以吗？
生：可以。

（课件呈现）

好了，我到了倒下的时候了！	小猫	一个晚上	我找不到一个安心睡觉的地方	低头看看，吃力地眯起眼睛	喵喵，谢谢
好了，我到了倒下的时候了！	老母鸡	二十几天	我找不到一个安心孵蛋的地方	低头看看，墙壁吱吱呀呀地响	叽叽，谢谢
好了，我到了倒下的时候了！	小蜘蛛	一会儿	我找不到一个安心织网抓虫的地方	低头看看，眼睛眯成一条缝	老屋老屋，我给你讲个故事吧

师：你这么惊讶，是看懂了吗？

生：看懂了。

师：这个故事是有规律的，对不对？那我们能不能根据这个规律再来编一个情节呢？注意，每个空格都要填哦！最难填的是这两个格子（指表格的第4、5列的空格）。每个动物都找到理由了，你能找到新的理由吗？

生：能。

师：你能想到一个新的动作表明老屋年纪很大了吗？（个别学生回答"能"）我请两个人合作编情节，两个人合作就要有商有量了。比方说，你希望什么动物来向老屋请求帮助呢？

生：大象。

师：你呢？

生：小兔子。

师：你看，两个人想法不一样，所以两个人编的时候是不是要商量？肯定有一个人要退让一步，否则就编不了。好，接下来你们就开始编吧。

（生自由练习编故事）

师：有一组已经编好了，我们来听一听。

生：我跟他（同桌）一起。

师：行，一起最好了。

生：（两生齐读）"再见！好了，我到了倒下的时候了！"

师：温馨提示，两个人一起讲同一句话，难度可能太高了，两个人可以分开讲，好吗？

生3："再见！好了，我到了倒下的时候了！"老屋说。

生4："等等，老屋。"一个极小的声音在它门前响起。

生3：小蜗牛说："老屋，太阳太晒了，我找不到一个凉快的地方躲太阳。"

师：（提示）躲多长时间呢？

生3：就躲一会儿吧。

师：（提示）老屋要有动作哦。

生4：老屋一边咳嗽一边说："哦，好吧，我就再站一会儿。"

生3：过了一会儿，太阳落山了，小蜗牛慢吞吞地说："谢谢你，老屋！"

师：好的，给他们掌声鼓励。（掌声）

师：她知道小蜗牛怕太阳，知道人年纪大了容易咳嗽，很厉害！我知道还有其他人也编了故事，但由于时间关系就不请你们说了。

总之，我们反反复复地感觉到，这个故事是有规律的，对不对？（生纷纷点头）蒋老师读到第二次重复的地方就开始往下猜了,而且我蛮厉害的,大部分都猜到了。我猜到待会儿老屋要说"再见!好了,我到了倒下的时候了!"我猜到要来个小动物,当然我不知道具体是哪个动物。我还猜到这个小动物希望老屋等一段时间再倒,还会想一个让老屋不倒的理由。此外,我还猜到课文中会出现表现老屋年纪很大的动作描写。但是,最后一列空格猜起来有点儿难度,所以我猜了三个结果。

(课件呈现:谢谢!)

师:我猜的第一个结果是"谢谢",但是我不会让小蜘蛛发出叫声。你觉得蒋老师是在乱猜吗?

生:不是。

师:我猜的理由是什么?

生:因为别的小动物离开老屋时都会发出叫声,并说声"谢谢"。你不知道小蜘蛛的声音是什么样的,所以让它说一声"谢谢"就可以了。

师:我是这样猜的。她说得真好,比我说得都好。所以猜测一定要有理由,对不对?

(师板书:理由)

师:这个理由不是我随便编的,而是来自前面故事里的细节,就像刚才这位同学说的那样,前面的小动物离开老屋时都会说一声"谢谢"。

(师板书:故事里的细节)

师:万一猜错了,还得有个备选项!所以我猜的第二个结果是"老屋终于安心地倒下了"。

(课件呈现:老屋终于安心地倒下了)

师:我这样猜是不是乱猜?我猜测的理由是什么?

生:我觉得老师是根据题目来猜测的,题目是"总也倒不了的老屋"，那前面已经说了老屋为什么倒不了，所以老师后面就可以猜老屋倒下了。

师：我本来还想打断她的话，我以为她在讽刺我。"总也倒不了的老屋"应该是指老屋永远不倒，对不对？但是她说这个故事前面已经写了老屋两次想倒却最终都没倒下，如果老屋最后一次倒下了，这个题目好像也没有错。你认为当时蒋老师这样猜还有没有其他理由？

生：老屋已经帮助过需要帮助的小动物了，所以它觉得应该没有人需要帮助了，就安心地倒下了。

师：这个故事就有一个很完美的结局了。帮助人总要有个限度，故事总要结束，对不对？这是根据读故事的经验猜测的。

（师板书：读故事的经验）

师：好多故事的最后都有一个完美的结局，比如王子和公主的故事最后往往是他们幸福地生活在一起了。刚才举手的这位同学，你来说。

生：老屋帮了那么多人，它可能会不耐烦的。

师：是吧？读故事的人要是一直读下去，也会不耐烦的。

生：前面已经说了，老屋已经活了一百多岁了，总会倒下的，我觉得它现在可能坚持不住了吧。

师：活了一百多岁的人，已经很高寿了。那年龄再大，总会……虽然这个字我们很难说出口，但这是生活经验告诉我们的。你们说，是我的生活经验多还是你们的生活经验多？

生：（齐）你的。

师：那当然了，我年纪大呗。

（师板书：生活经验）

师：不管我们怎么猜，最重要的是我们要有——

生：（齐）理由。

师：（在黑板上圈画"理由"二字）猜测，光说不练没有用，最关键的就是要多练习。我们来练习，好不好？

（课件呈现《爱心树》和《小猪变形记》的封面）

师：看过《爱心树》的同学请举手。

（几乎所有学生都举手了）

师：那我们就不选《爱心树》来练习了。看过《小猪变形记》的同学请起立。

（个别学生起立）

师：取消你们的猜测资格，但你们可以骄傲地站着，然后听听其他同学是怎么猜的，好吗？（生点头）好，现在我们开始进入《小猪变形记》。

（课件呈现）

> 这一天，小猪觉得很无聊。"真烦。"他嘟囔着："烦、烦、烦、烦、烦，总该有点儿什么好玩的事吧，我去找找看！"于是，他小跑着出去了。
>
> 小猪看到长颈鹿在吃树梢上的叶子。他瞪大眼睛，一个劲儿地盯着人家瞧："我敢说，做长颈鹿一定很刺激。"
>
> 突然，小猪想到了一个绝妙的好主意！小猪咚咚地跑回去做了一对高跷，然后踩着高跷散步去了。他没走多远，就"砰"的一声，摔倒了。
>
> 小猪一边掸着灰，一边感叹："看来长颈鹿的生活不适合我。"

师：老师要开始讲故事了。注意，这个故事也是有规律的。

（师根据课件讲述小猪学长颈鹿的故事）

师：我们再来看一段。你们看这次小猪要学谁了？

（课件呈现）

> 一天，小猪看到斑马穿着黑白条纹的衣服在草原上奔跑。他瞪大眼睛一个劲儿地盯着人家瞧："我敢说，做斑马一定很酷。"突然，小猪想到了一个绝妙的主意！他找来颜料，给自己画了一件奇妙的新外套，然后他一路小跑着炫耀去了。
>
> 小猪遇到了一只正在喝水的大象，小猪对大象说："你好，我是一只了不起的斑马。"大象笑道："你不是斑马，你是一只画了斑马纹的小猪。"大象喷出一根水柱，直接把小猪身上的斑马纹冲得一干二净。
>
> 小猪一边擦着身子，一边感叹："看来斑马的生活不适合我。"

生：斑马。

（师根据课件讲述小猪学斑马的故事）

师：蒋老师最喜欢画表格了，你们现在能看懂这个表格吗？

（课件呈现）

小猪	长颈鹿	高跷	摔倒	不适合
小猪	斑马	颜料	冲掉	不适合

师：小猪、长颈鹿、高跷、摔倒、不适合，谁还能往下猜？站着的同学没有猜的资格了。

生5：我觉得小猪应该还会看到骆驼，然后它就觉得如果自己能当骆驼，一定很好玩。

师：好，到第三个格子了，它想到了一个什么办法呢？

生5：它就开始学着用四条腿走路，还在身上背了两个布袋。

师：背了两个布袋，这个好玩。到第四个格子了，小猪遇到什么困难了呢？

生5：小猪本来就很矮，用四条腿走路就变得更矮了。有一次，小猪正在过马路，一匹马经过时没有看到它，在它身上踩了两脚，把小猪给踩痛了，然后小猪回去就把布袋卸掉了，又换回了原来的走路方式，然后说："原来骆驼也不好当。"

师：哇，编得真好！我觉得你可以当作家了。尽管你讲的和故事里的情节并不是一模一样，但我觉得你完全猜对了。我们来看一看。

（课件依次呈现小猪学大象和学鸟的图片）

师：它后来还想做大象，还想做鸟。

（课件呈现）

小猪	长颈鹿	高跷	摔倒	不适合
小猪	斑马	颜料	冲掉	不适合
小猪	大象	塑料管、树叶	喷嚏喷飞	不适合
小猪	鸟	羽毛、贝壳	摔进泥潭	不适合

师：我们的故事要结尾了。谁来猜最后一次会发生什么？

生：小猪可能会认识到当其他动物都有困难，于是它决定还是做自己。

师：还是做自己最好，因为每个人都是不一样的。好，请坐。猜测是很有意思的，关键是你们要记得，所有猜测都要有——

生：（齐）理由。

课结束了。那么，蒋军晶老师是如何引导学生在生成性教学的过程中扎扎实实地落实语文要素的呢？我们发现，他至少采用了以下三条策略。

第一，依据故事的叙事规律，迁移预测。具体而言，就是让学生根据《总也倒不了的老屋》的叙事规律进行迁移预测。蒋军晶老师在原有表格的基础上新增了空白行，表面上看好像是让学生再创作一个情节单元，实际上是让学生进行预测。学生要根据事先已经掌握的叙事规律，逐一做出有理有据的预测。从孩子们讲述的新的情节单元来看，他们对叙事规律已经了然于胸了。

第二，分享自己的阅读经验，归纳预测。蒋军晶老师在阅读《总也倒不了的老屋》的第三个情节单元时是做过预测的，他与学生们分享了这一阅读经验。这个设计很精彩，也很有深意。蒋军晶老师分享预测经验，意在引导学生深入把握预测的基本规则。他还一再强调，所有预测必须有理由。理由来自哪里？来自故事本身的细节，来自学生自己的生活经验，也来自学生曾经有过的阅读体验。

第三，提供同类型的故事情境，运用预测。在完成迁移和归纳之后，教学最终进入实战环节。蒋军晶老师为学生们提供了同类型的故事情境，让学生根据预测要求和规则进行猜想。学生根据小猪两次模仿其他动物的情况猜想它接下来还可能会模仿谁，结果又会是什么。蒋军晶老师最后还让学生预测故事的结果。这就是运用预测。整个教学层次非常清晰，难度逐步提升。

课堂教学结束后，学生已经初步学习和掌握了预测的基本方法——按照叙事的基本规律，结合日常的生活经验和阅读体验来预测故事。

蒋军晶老师执教的《总也倒不了的老屋》让我们意识到，落实语文要素的目的是提高学生的思维能力，教师必须让学生亲历知识的建构过程，而不应将语文要素视为某种学生需要识记的知识。学生只有通过真实的生成性教学，才能将语文要素转化为自己的知识、关键能力，并逐渐积淀，最终使其成为自己的语文素养。

（季红、易丹根据讲座视频整理，有改动）

第三讲

如何精准设置支架将语文要素落到实处
—— 以何捷《桥》课堂教学为例

第三讲的主题是"如何精准设置支架将语文要素落到实处"，我们以何捷老师执教的《桥》课堂教学为例。

一、《桥》所在单元的语文要素

《桥》选自统编小学语文教科书六年级上册的第四单元，这个单元的语文要素是"读小说，关注情节、环境，感受人物形象"。我们可以从阅读学习的角度来把握这个单元的语文要素。

第一，这一语文要素唤醒了学生自觉的文体意识。这个单元其实就是文体单元，所有的课文，无论是精读课文还是略读课文，都是小说。小说怎么读？肯定和读散文不一样，和读童话有区别，和读古诗差异更大。所以，我们需要唤醒学生自觉的文体意识。

第二，这一语文要素提供了必备的文体知识。虽然这个单元的语文要素表述得非常简单，但实际上已经为我们提供了小说这种文体的必备知识，那就是"小说三要素"：人物、环境、情节。

第三，这一语文要素已经提示了核心的文体概念。读小说，最核心的任务就是把握人物形象。

第四，这一语文要素指出了关键的阅读策略。小说的阅读策略，第一是要围绕人物形象展开，这是核心；第二是要关注情节、环境与人物形象之间的联系，这是难点。

二、课文解读

梳理完这个单元的语文要素后,我们来看看《桥》这篇课文。

黎明的时候,雨突然大了。像泼。像倒。

山洪咆哮着,像一群受惊的野马,从山谷里狂奔而来,势不可当。

村庄惊醒了。人们翻身下床,却一脚踩进水里。是谁惊慌地喊了一嗓子,一百多号人你拥我挤地往南跑。近一米高的洪水已经在路面上跳舞了。人们又疯了似的折回来。

东面、西面没有路。只有北面有座窄窄的木桥。

死亡在洪水的狞笑声中逼近。

人们跌跌撞撞地向那木桥拥去。

木桥前,没腿深的水里,站着他们的党支部书记,那个全村人都拥戴的老汉。

老汉清瘦的脸上淌着雨水。他不说话,盯着乱哄哄的人们。他像一座山。

人们停住脚,望着老汉。

老汉沙哑地喊话:"桥窄!排成一队,不要挤!党员排在后边!"

有人喊了一声:"党员也是人。"

老汉冷冷地说:"可以退党,到我这儿报名。"

竟没人再喊。一百多人很快排成队,依次从老汉身边奔上木桥。

水渐渐蹿上来,放肆地舔着人们的腰。

老汉突然冲上前,从队伍里揪出一个小伙子,吼道:"你还算是个党员吗?排到后面去!"老汉凶得像只豹子。

小伙子瞪了老汉一眼，站到了后面。

木桥开始发抖，开始痛苦地呻吟。

水，爬上了老汉的胸膛。最后，只剩下了他和小伙子。

小伙子推了老汉一把，说："你先走。"

老汉吼道："少废话，快走。"他用力把小伙子推上木桥。

突然，那木桥轰的一声塌了。小伙子被洪水吞没了。

老汉似乎要喊什么，猛然间，一个浪头也吞没了他。

一片白茫茫的世界。

五天以后，洪水退了。

一个老太太，被人搀扶着，来这里祭奠。

她来祭奠两个人。

她丈夫和她儿子。

我想分三个层次来解读这个文本。

第一个层次，《桥》是小说。本单元是文体单元，所有课文都是小说。小说是以塑造人物形象为己任的，我们读小说要聚焦人物并把握人物。我们一起来看看《桥》这篇小说塑造的老汉。这篇小说描述了老汉的语言、神态和动作，其中让人印象最深刻的是他说过的四句话。我们先看第一句话。

> 老汉沙哑地喊话："桥窄！排成一队，不要挤！党员排在后边！"

老汉的话全部都是短句，他的思路非常清晰，他的指令非常有力，且原文一连用了三个感叹号，此时老汉镇定自若的形象已经跃然纸上。面对突如其来的灾难，面对一百多个你拥我挤、惊恐万状的村民，老汉十分镇定，像一座山。

　　老汉冷冷地说："可以退党，到我这儿报名。"

　　这句话的潜台词就是，党员必须排在后面，没有商量的余地。为什么？因为那不是小义，而是人民至上、一切为了人民的大义。老汉说完这句话，一个大义凛然的党支部书记（以下简称"党支书"）的形象便挺立在我们面前。

　　老汉突然冲上前，从队伍里揪出一个小伙子，吼道："你还算是个党员吗？排到后面去！"

　　从老汉的这句话当中我们可以看出，老汉对所有人都是公正无私的。不管你是年轻还是年老，不管你是男还是女，不管你为这个村子做出过多大的贡献，只要你是党员，你就必须排在后面，老汉公正无私的形象好像就在眼前。

　　老汉吼道："少废话，快走。"他用力把小伙子推上木桥。

　　我们读完这篇小说才知道，老汉和小伙子其实是父子，老汉的这句话体现了他的舐犊情深。
　　以上每一句话都集中刻画了老汉这个极富个性的人物形象。作为党支书，他有坚定的党性，党的信念已经化作了他的生命信念。作为父亲，他又有着美好的人性，在生与死的考验面前，他把死亡留给了自己，把生的希望留给了儿子。
　　这样一位老汉，这样一个党支书的形象，体现了党性和人性的高度融合。这样的人物是伟大的，因为他为了整个村子，为了人民的利益，牺牲了个人的利益，甚至牺牲了家庭的利益。因此，他的精神是高尚的。

这是第一个层次，我们下面进入第二个层次。

《桥》不是长篇小说，也不是短篇小说，而是微型小说。微型小说的特点多半体现在一个"奇"字上，意思是小说的矛盾冲突非常集中，而且往往出乎意料。我们一起来看看《桥》这篇小说中一共出现了几对矛盾以及每对矛盾的内容。

第一对矛盾——"东面、西面没有路。只有北面有座窄窄的木桥。"而这个时候，近一米高的洪水已经在路面上跳舞了，一百多号人在你拥我挤地逃命。这是自然与人类之间的矛盾。

第二对矛盾——"有人喊了一声：'党员也是人。'老汉冷冷地说：'可以退党，到我这儿报名。'"这是一些党员和群众之间的矛盾，因为这些党员忘记了自己的身份。

第三对矛盾——"老汉突然冲上前，从队伍里揪出一个小伙子，吼道：'你还算是个党员吗？排到后面去！'老汉凶得像只豹子。小伙子瞪了老汉一眼，站到了后面。"这是党员个体和党员群体的矛盾。

第四对矛盾——"小伙子推了老汉一把，说：'你先走。'老汉吼道：'少废话，快走。'他用力把小伙子推上木桥。"读到这里，我们还不知道老汉和小伙子之间究竟是什么关系，所以这个时候的矛盾是党支书和普通党员之间的矛盾。我们可能会想：小伙子觉得自己是年轻党员，想让老汉先走；而老汉觉得自己是党支书，必须留到最后。

最后一对矛盾是在小说的结尾——"五天以后，洪水退了。一个老太太，被人搀扶着，来这里祭奠。她来祭奠两个人。她丈夫和她儿子。"到这里我们才知道，原来老汉和小伙子是父子关系。我们都知道，这是小说的一种特殊写法，即遮蔽与还原。什么叫遮蔽？就是作者在叙事过程中，刻意隐瞒了小伙子和老汉之间的关系。什么叫还原？就是作者在小说结尾才揭示二者的关系。我们将像文中这样的结局称为突转式结局，又称之为"欧·亨利式结尾"。当然，这一对矛盾和前面四对矛盾的性质是不一样的，但带给我们的冲击是最大的。

这是第二个层次，我们下面进入第三个层次。

每篇微型小说都有各自不同的特点，而本文的特点集中体现在语言的"短"上。

第一，从总篇幅上看，本文总字数为511字（不含标点符号），篇幅很短。

第二，本文总段落数为27段。全文总字数很少，但段落数竟然有这么多。

第三，本文有17个短句（我们讲的短句是指字数不超过10的句子）。

第四，一句成段，就是一句话就是一个自然段的，有17段。

整篇小说的语句非常短促，这是一种形式，而形式是为内容服务的，形式可以帮助我们理解更高级、更深层的内容。

比如小说环境。小说前面6个自然段都在以短促的语言描写环境。山洪暴发，一百多号人惊慌失措，留给他们的只有北面那座窄窄的木桥，形势非常险峻，而这样短促的语言就与险峻的形势完全吻合。

比如小说人物。文中人物的话都非常短，对人物神态的描写也非常短，这样短促的语言有利于塑造大义凛然的人物形象。在大义面前，毫不犹豫；在大义面前，坚定不移；在大义面前，无所畏惧。这就是短促的语言塑造人物形象的效果。

再比如小说情节。短促的语言可以让情节得以快速推进。你看，老汉一声令下，乱哄哄的人群很快排成一队；你看，老汉突然冲上前，揪出一个小伙子；你再看，猛然间，一个大浪就吞没了老汉。情节在短促的语言叙述中得以很快推进。

三、课文学习任务及要求

以上是我们对《桥》这篇小说的文本细读。我们再来看看这篇课文有哪些学习任务和要求。

第一,"有感情地朗读课文,注意读好短句。"这个学习任务指向朗读,要求学生读出感情,读好短句。

第二,"这篇小说写了一位怎样的老支书?找出写老支书神态、语言、动作的句子,结合相关情节说说你的理解。"这个学习任务指向小说最重要的要素——人物,要求学生从神态、语言、动作等角度感受人物形象。

第三,"画出描写雨、洪水和桥的句子读一读,再联系老支书在洪水中的表现,说说这些描写对表现人物的作用。"这个学习任务指向环境,要求学生体会环境描写对表现人物的作用。该任务不是让学生就环境描写论环境描写,而是引导学生体会环境描写对于表现人物有着怎样的作用。

第四,"小说最后才点明老支书和小伙子的关系,和同学讨论这样写有什么好处。"很显然,这个学习任务指向小说的结局,也就是被我们称为"欧·亨利式结尾"的突转式结局。

四、课例观摩

如果说单元语文要素属于一级目标,那么围绕单元语文要素设置的课文学习任务就属于二级目标。围绕上述学习任务,联系前文对这篇小说的细读，我们一起来观摩何捷老师执教的《桥》。

何捷老师执教的《桥》只有 40 分钟，却涵盖了两课时的教学内容。这节课的核心目标就是结合环境和情节描写，通过老支书的神态、语言、动作感受其光辉的形象。

这堂课共包含三个板块。

第一，聚焦人物，从动作、语言、神态等角度感受人物形象。这个板块是重点，差不多占了整堂课一半的时间。

第二，聚焦环境，通过联系人物表现体会环境描写的作用。

第三，聚焦情节，通过还原人物内心体会情节设置的作用。

1. 聚焦人物，从动作、语言、神态等角度感受人物形象

我们一起来看看第一个板块，看看何捷老师如何精准设置教学支架，引导学生全面、立体、准确地把握老支书这个人物形象。

师：小朋友们，既然你们已经学过这篇课文了，何老师就不再卖关子了。这是一篇非常典型的微型小说，全文 511 个字，却有 27 个自然段，而且有的段落才 7 个字。在这篇微型小说中，有一个非常鲜明的人物，是谁？

生：老汉。

师：还可以怎么称呼他？

生：党支部书记。

师：行。老汉、党支部书记，还可以怎么称呼他？

生：他是一位父亲。

师：行。父亲、老汉、党支部书记，一个人有三重身份，第四重——

生：他是全村人最拥戴的人。

师：行。第五重——

生：他是一个老太太的丈夫。

师：行，你很早就暴露了他和老太太的关系。第六重——

生：他是党员心中鲜明的形象。

师：谢谢你！这个同学的回答非常具有正能量。第七重——（停顿）你们是六年几班？

（生自由回答"（3）班"）

师：（3）班已经讲到第七重了，非常厉害！第七重——

生：他是人们的靠山。

师：行啊，老汉是一座山，是靠山。第八重——（停顿）我看看能不能逼出第十重？（一生举手）来。

生：他是一心只为他人的代表。

师：行。第九重，来。

生：我觉得他是党员的榜样。

师：行，第十重不说了，圆满了。你们比何老师厉害，因为我只说出了两重，那就是——（课件呈现：那位老汉，村党支部书记）读。

生：（齐读）那位老汉，村党支部书记。

师：这篇微型小说非常厉害，除了鲜明的主角之外，还刻画了一些群像。他们甚至连名字都没有，只有一个代号。你在故事中读到了哪些人？来，代号一——

生：党员。

师：非常好！代号二——

生：我觉得还有小伙子。

师：是的，有一个小伙子。还有一批人叫什么？

生：村民。

师：是的，那还有你（指向一生）刚才说的那个身份——

生：老太太。

师：对了，老太太。同学们，一起读一读大屏幕上的内容。（课件呈现：村民、小伙子、老太太……）

生：（齐读）村民、小伙子、老太太。

师：请问，在你们心中，这位老汉究竟是个怎样的人？请简单说出你的判断。你请。

生：他是村民心中一个德高望重的人。

师：好的，这里有一个关键词是——

生：（齐）德高望重。

师：（3）班厉害，会听课。再来，你请。

生：他是一个称职的人。

师：行，第二个词是什么？

生：（齐）称职。

师：非常好！你请。

生：一心为他人着想的人。

师：这句话的重点是什么？

生：（齐）一心为他人着想。

师：太棒了！还可以怎么说？你请。

生：善良的人。

师：善良，对不对？同学们，在老师看来你们说了这么多都不如"善良"这个词来得朴素，掌声鼓励！（掌声）还有要说的吗？没有比"善良"层次更高的，就把手放下。（一生举手）一定要说吗？我不知道哪个词比"善良"更好。

生1：我感觉他是敢于为了自己心中的执念而大义灭亲的人。

师：我有两个词不理解，一个是执念。

生1：他觉得自己是党员，就应该为人民服务。

师：很执着的信念，对吧？（生点头）大义灭亲，这个词是褒义还是贬义？

生1：我觉得应该是褒义。

师：是吗？

生1：那位老汉觉得党员就是他自己生命的一种标志，不管遇到什么情况，哪怕是自己的亲人违背了人民、违背了党的利益，他都应该为人民服务。

师：同学们转过来。（转向该生）其他人不要再说了，我料定你们班没有人说得过她了，因为这个孩子已经说得非常高级了。这个词是褒义还是贬义，主要看对象是谁。倘若单纯地说大义灭亲，是褒义还是贬义？

生1：也许是贬义。

师：倘若和人民的利益放在一起，是褒义还是贬义？

生1：褒义。

师：掌声鼓励，请坐。（掌声）（3）班水平太高了！接下来，我来听听咱们班朗读水平怎么样。何老师领读，同学们只需要读好整篇小说中老汉说的几句话。但是你们读之前一定要听何老师是怎么读这篇小说的，你们的读法要和我的读法融为一体，让人听起来像是一个人读的，大家听明白了吗？好，我读的时候，你们静静地听，到你们读的时候就发力，好吗？

生：（齐）好。

（师生合作朗读课文）

师：小朋友们，我对你们的朗读并不是非常满意，因为你们还没有进入这个文本，不过我相信经过下一轮的学习，你们就能读得更好了。请读一读这道题。（课件呈现第二个课后任务）

生：（齐读）"这篇小说写了一位怎样的老支书？找出

写老支书神态、语言、动作的句子，结合相关情节说说你的理解。"

师：要求找哪三个方面的句子？一——

生：（齐）神态。

师：二——

生：（齐）语言。

师：三——

生：（齐）动作。

师：孩子们，这篇小说很奇特，老汉的动作、神态基本融合在他说的四句话中，唯独有一处单独描写了老汉的外形，请找出来。（个别学生举手）很好，这才是读过书的样子。在第几自然段？

生：第8自然段。

师：你能代表全班为我们读一读吗？来，孩子们，请听她读的是哪一段。

生："老汉清瘦的脸上淌着雨水。他不说话，盯着乱哄哄的人们。他像一座山。"

师：是不是这段？全文就这一处单独对老汉的神态进行了描写。我们一起读一读。（课件呈现该生所读语段）

（生齐读该语段）

师：同学们，你们又读了一遍之后，对老汉的形象是否更加明确？我相信经过第三轮朗读，你们会更加明晰这是一个怎样的老汉。请看课件。（课件呈现文中老汉的语言描写）我们来朗读老汉的几句话，请特别注意提示语。刚才我已经把提示语读出来了，但是大家没留意。请看第一处提示语。（课件呈现："沙哑地喊话"）

师：怎么读才能读出老汉当时的语气？谁来指导一下？

我非要请个女生不可，因为如果女生能攻破这个难关，男同学也不在话下，这是我的想法。谁能行？好，你试试看。

生：（朗读）"桥窄！排成一队，不要挤！党员排在后边！"

师：掌声鼓励。（掌声）不错，有一点儿喊话的感觉。注意，这句话要从桥头传到桥尾，要从村头传到村尾，所以要有穿透力，明白了吗？喊话声应该低沉且略带沙哑。听明白的同学请举手。（个别学生举手）我们全班试一试，同学们，老汉沙哑地喊话——

生：（齐读）"桥窄！排成一队，不要挤！党员排在后边！"

师：我不满意，还是没有进入当时的那种情境。经过这三轮指导你们还没进入文本，何老师不怪你们，因为你们坐在安稳的环境里，很难体会老汉的心情。来吧，再试第二句，请看着提示语读一读。（课件呈现："冷冷地说"）

生：（齐读）"冷冷地说"。

师：我相信这句话非常适合你们本色朗读。准备，压低嗓音，老汉冷冷地说——

生：（齐读）"可以退党，到我这儿报名。"

师：你们就适合读这样的内容啊！下一个提示语非常简单，你们只要进入情境，理解了这个词，一定能读好，请看提示语。（课件呈现："吼道"）老汉突然冲上前，从队伍里揪出一个小伙子，吼道——

生：（齐读）"你还算是个党员吗？排到后面去！"

师：非常好，比之前两句有进步。再读一次，老汉冷冷地说——

生：（齐读）"可以退党，到我这儿报名。"

师：老汉吼道——

生：（齐读）"你还算是个党员吗？排到后面去！"

师：相当好！后面还是一句吼。老汉吼道——

生：（齐读）"少废话，快走。"

师：同学们，小说中语言描写的提示语能不能帮助我们明确人物形象？（生纷纷点头）那请问，现在你们已经读完老支书的话，到底他在你心中是怎样一种形象？

生：我觉得他很正直。

师：正直。越来越明晰了，不会出现有争议的词了，对吧？还有吗？你请。

生：他是一个很沉稳的人。

师：行，沉稳。他在大难来临之前还能"冷冷地说"。同学们，提示语重要吗？

生：（齐）重要。

师：能不能少？

生：（齐）不能。

师：有了提示语，人物的形象是不是更好理解了？

生：（齐）是。

师：确认吗？

生：（齐）确认。

师：没有疑问吗？

生：（迟疑地）没有。

师：那我们来看一看本单元第13课《穷人》。因为时间关系，我就不请大家读了，请抬头看。（课件呈现《穷人》的课文内容）好奇怪啊，文中只有整页整页的对话，几乎没有提示语，却让我们深深地记住了桑娜的正直和善良。为什么没有提示语，人物形象也在你的心中立起来了呢？

生：因为一个人的语言可以反映他的特点。

师：那么请问，是提示语重要还是语言本身重要？

生：应该都重要。

师：是的，其实你说的正是我想说的。孩子们，一起读一读谜一样的提示语。（课件呈现）

生：（齐读）"语言描写可以树立人物形象；写好对话不简单，几乎没有固定的规律。"

师：六年级（3）班跟着我来。有提示语好不好？

生：好。

师：没有提示语可不可以？

生：可以。

师：关键看你写的是什么人，用的是什么样的语言，对不对？

这是《桥》这堂课的第一个板块，也是主体板块。在这个板块中，何捷老师精准设置教学支架，让学生从动作、语言、神态等多个角度感受主人公的形象。

教学伊始，何捷老师引导学生区分主人公与其他人物，这个区分是必要的。因为在阅读短篇小说时，感受人物形象主要是指感受主人公的人物形象，所以阅读的目光、阅读的注意力主要应集中在主人公的身上。

在此基础上，何捷老师遵循"整体→局部→整体"的阅读心理过程，引导学生读懂人物形象。他先引导学生从整体上直观地把握人物形象，再引导学生从局部（动作、神态、语言等方面）细细地分析和把握人物的性格特点，最后引导学生对人物形象再次进行整体性的把握，从而让学生将最初的直觉转化为深入的理解。

在这个板块中，何捷老师重点引导学生研读主人公的四句话和说话时的神态（提示语），引导学生逐步理解人物形象。在《桥》这篇小说中，人物的神态和语言是融在一起的，何捷老师让学生根据提示语细细地品读主人公的语言，以此深入地理解人物形象。

这一板块最高明的地方是，何捷老师引入了小说《穷人》当中对人物语言的描写（几乎没有提示语及对人物神态的描写），通过同中辨异，让学生体会神态和语言描写的作用。这种对比可以让学生灵活地、多角度地体会神态描写和语言描写对于塑造人物形象的作用。

在这个板块中，何捷老师精准设置支架，引导学生聚焦人物，帮助学生从多个角度感受人物形象，进而理解写小说关键不在于写多写少、写长写短，而是以塑造人物形象为出发点和最终归宿，怎么有利于塑造人物形象就怎么写他的语言和神态。

2. 聚焦环境，通过联系人物表现体会环境描写的作用

下面我们进入第二个板块。

师：这篇小说全文总共才500多个字，开篇就写了环境。（课件呈现课文前6个自然段）作者描写环境的语言有什么特点？你发现了吗？（没有学生举手）都读过了还没发现啊？（一个学生举手）你请。

生：都是拟人的写法。

师：很难说，未必都是拟人手法。

生：大多数。

师：也不一定。

生：这几个段落中的语言基本都是很短促的，这种语言可以烘托当时紧张的氛围。

师：是的，非常短促。确实，这段文字给我们带来了一种恐怖的感觉，为什么呢？因为最让我们感到恐怖的并不是

灾难已经来临，而是灾难怎么样？（课件呈现：即将来临）

生：即将来临。

师：同学们，我再给你们一次机会，请你们好好看看这段话，能不能读出那种灾难即将来临的恐怖感？有没有把握？（个别学生回答"有"）孩子们，能读好这几段话吗？

生：（齐）能。

师：来，请听音乐。（音乐起）感受一下，开始读——

（生配乐朗读第1～6自然段）

师：同学们，你们看，这几段环境描写是不是非常有助于你们加深对人物形象的感受啊？在这样的一种环境中出现的人物一定是怎样的人物呢？你觉得这个环境描写对人物形象的树立有什么帮助？你请。

生：描写危险的环境就可以反衬出人物的勇敢。

师：谢谢。环境越危险，人物越怎么样？

生：勇敢。

师：相当好，还有吗？（一生举手）你请。

生：环境描写交代了事情发生的时间。

师：很好，请坐。还有吗？

生：环境描写可以烘托出当时焦急的气氛。

师：是的，整个气氛都不好了，对吗？你请。

生：环境描写可以衬托出老汉的沉稳。

师：也是一种反衬，对吧？还有要说的吗？（一生举手）你请。

生：在这种情况下，老汉还要把自己的儿子从队伍里揪出来，反映出他对自己的孩子没有私心。

师：这就叫落差，对不对？落差非常大。好的，你们说得都一般。这位同学，我特别想知道你的想法。来，同学们转过来，高手在这里。

生：我觉得这个环境描写不仅体现出了当时情况的危急，还可以体现出老汉的镇定自若，他可以顾及所有人的生命安全，同时不允许儿子走在前面。

师：各位，听到了没有？为什么不为这个同学鼓掌啊？她需要掌声。（掌声）大家照过相吗？相机有一种功能叫对焦，知道吗？

生：就跟拍电影时聚光灯照在人物身上一样。

师：主角未出场之前，环境就很鲜明；主角出场之后，环境就淡化了。你会不会觉得写作文和拍电影是一回事？好的，同学们，环境重要吗？

生：（齐）重要。

师：短促的描写，好不好？

生：（齐）好。

师：气氛营造得行不行？

生：（齐）行。

师：请看《穷人》。（课件呈现课文《穷人》第1自然段）同样是小说，同样是环境描写，同样在开篇，列夫·托尔斯泰的描写却如此绵长，从屋外写到屋内，写到每一个杯盘碗碟，写到每一个角落。各位，这样的环境描写有没有影响你对人物的理解？

（个别学生回答"没有"）

师：那么请问，环境描写到底是绵长好，还是短促好？请发言。

生：我觉得可能要看实际情况吧。《桥》的环境描写是要烘托出一种紧急危险的气氛，所以就要这么写，而《穷人》可能要烘托出另外一种气氛。

师：是不是等我上完课以后，你们都学会说模棱两可的话了？（生笑）不过我觉得你的话说得很好，请坐。还有吗？我就想听咱们班说真话。你请。

生：都好。在《桥》中，时间十分紧迫，所以环境描写的语言就比较短，而在《穷人》中，桑娜在很焦急地等待她丈夫回来，时间就会显得很长，所以环境描写的语言就比较长。

师：太棒了！你心里越急，就越觉得时间过得很慢，对不对？你很想熬过这个时间的时候，就会觉得时间在跟你作对，对吗？还有吗？

生：我觉得环境描写有利于衬托人物品格。

师：说来听听。

生：《桥》的环境描写是为了衬托老汉不徇私情和勇敢的品质。《穷人》的环境描写是为了衬托主人公善良的品格。

师：根据写作的需要，环境描写可以短促，也可以绵长。请看著名武侠小说作家金庸先生的一句话。（课件呈现）我代表金庸先生把这句话送给你们，你们一起读一读。

生：（齐读）"一寸长，一寸强；一寸短，一寸险。"

师：孩子们，记住这句话很简单，但是把这句话迁移到写作中，你可能要花一辈子的时间。

这又是一个相当精彩的教学片段。何捷老师是如何精准设置支架，帮助学生理解环境描写对于表现人物形象的作用的呢？

首先，让学生集中体会环境描写的语言特点。何捷老师先用课件集中呈现了文中六段描写环境的文字，然后让学生通过配乐朗读的方式来感受当时的环境，从而让学生整体把握环境描写的语言特点——语言短促。

第二，提供向导支架，引导学生结合环境描写，深入感受人物形象。灾难来临时，大部分人都是惊慌失措、六神无主的，而老汉却镇定自若。明确了这一点，学生马上就能体会到鲜明的落差和对比，进而明白，环境描写作为塑造人物形象、烘托人物形象的有力途径，可以使人物形象变得更加立体、更加丰满。

第三，采用同中辨异的方式，引导学生体会环境描写对刻画人物形象的作用。何捷老师引入《穷人》中的环境描写，虽然两篇小说的环境描写风格迥异，一个短促，一个绵长，但是它们同样能够很好地衬托、表现人物不同的性格特点。这样的对比辨析可以使学生以一个更加开阔的视野来理解、把握环境描写对于表现人物形象的作用。

3. 聚焦情节，通过还原人物内心体会情节设置的作用

接下来，我们进入第三个板块。何捷老师通过聚焦情节，引导学生还原人物当时的心理活动，体会情节设置的作用。毫无疑问，本文最有特色的情节设置是小说结尾的突转，我们一起观摩最后一个片段。

生：（齐读课件）"小说情节通常是由若干具体事件组成的，而矛盾冲突是构成情节的基础，也是情节发展的推动力。"

师：情节中最重要的是什么？

生：（齐）矛盾冲突。

师：这个小说中有矛盾吗？

生：（齐）有。

师：什么矛盾？你请。

生：老汉让党员排在最后，但是有人说"党员也是人"，表示反对。

师：这个冲突不够激烈。你们到了现在还说不出这篇小说中最激烈的矛盾冲突，我非常失望。（一生举手）你请。

生：在这种危急的情况下，一般人都会让自己的亲人走在前面，但是老汉却不徇私情，让自己的党员儿子排在最后面。

师：这就叫大义灭亲，对吧？你第一次读到这篇小说的结尾时会不会非常意外？你第一次知道他们是一对父子时会不会非常意外？直到今天，虽然已无数次地读过这篇文章，你依然会感到意外，对不对？但是所有意外都不能改变他们是一对父子的事实。他们就是父子。同学们，我想改一改。文章一开篇就亮明他们的身份，老汉是村子里的党支书，他的儿子也是党员，他们一起在这个村里安稳地生活了半辈子，如何？后面的情节完全一样。

生：我觉得不太好，因为刚开始就告诉我们的话，落差就没那么大了。

师：行，你在追求艺术效果的"落差"。还有吗？你请。

生：作者在文章的最后才说明他们的父子关系，可以给人一种悬念。

师：谢谢你，悬念。还有人要说吗？

生：我觉得作者这样写可以让读者有读下去的兴趣。

师：是啊，制造了悬念，读者就想读下去了。

生：老汉一开始就说了，党员要排在后面。作者这么写，是告诉我们所有的党员都得排在后面去保护人民的生命，不管在什么情况下都不会改变。

师：这位同学是如何做到一直与众不同的？我必须说，其实这篇文章我也读了很多遍，但是我从未读出过她的这种感觉，我读的结果跟你们的差不多。（课件呈现）同学们请看，就像你们刚才分析的那样，面对同样的素材，作者可以有不同的安排，但效果会有比较大的差距，对不对？大家一起读一读。

生：（齐读）"情节，展示着作者的构思；情节，影响着小说的品质。"

师：倘若作者像何老师那么写，这个小说还有人看吗？倘若作者像何老师那么写，这个老汉的形象还能在你心中立得那么牢吗？各位，这都是情节安排的妙处。你们已经上六年级了，写作文不能再像小时候那样平铺直叙了，你们读了那么多课内课外的作品，要学点儿本事了，听懂了吗？

（生纷纷点头）

师：知道真相后，你会觉得好奇怪啊，明明是同一个文本，但读起来感觉完全不同。来，我请你们酝酿一下，试着再读读这篇文章的结尾。（音乐起）此时，你们已经知道了他们的关系；此刻，你们已经知道了故事的结局。现在，请你们再一起读一读。

（生配乐朗读课文最后四个自然段）

师：注意，你们若永远保持一个语速，是不会成功的。（范读）"她——来祭奠两个人。"要缓慢朗读。

生：（齐）"她——来祭奠两个人。"（语速较缓）

师：可以再慢一点儿。

生：（齐）"她丈夫和她儿子。"（语速缓慢）

师：好，同学们的水平很高。其实不仅是这几段话，就连刚才何老师读得很生猛的那段话，你此刻再去读，都会读到落泪。"老汉突然冲上前，从队伍里揪出一个小伙子，吼道：'你还算是个党员吗？排到后面去！'老汉凶得像只豹子。"现在如果你再去读这篇文章，会不会读出泪来啊？

（生纷纷点头）因为你知道了他们的关系，对不对？所以，我们不知道的时候，会把这段话读得异常生猛，但知道了之后又会读出不一样的感觉，是不是？孩子们，上完这节课，我希望你们在朗读上能够再往前走一步，好吗？来吧。（课件呈现：情节、环境、人物）一、二读。

生：（齐读）"情节、环境、人物"。

师：同学们，其实小说就是在说人，情节、环境、语言都是为了在读者的心中立人。我最后问你们一个问题，请你用一个词来形容老汉。我今天为你们准备了作家本人用的词，我看看你们是否足够敏感。一个词，不啰唆。你用什么词？

生：善良。

师：行。你来。

生：不徇私情。

师：行。你来。

生：大公无私。

师：你们都喜欢用成语。

生：正义。

师：正义，非常好！这些都是教参中的词语。同学们请看。（课件呈现：神圣 伟大）这就是作家本人用的词，很奇怪，很朴素。作家说，究竟什么样的人格才能称得上神圣，什么样的人格才能称得上伟大呢？也许正是那种群体利益至上、把他人生命凌驾于自己之上的人，才能触及"神圣"与"伟大"。作家笔下的老汉正是这样一种人，请铿锵有力地朗读这两个词。第一个词——

生：（齐读）"神圣"。

师：第二个词——

生：（齐读）"伟大"。

这是这堂课的最后一个板块,非常精彩。

在这一板块中,何捷老师首先聚焦小说结尾的突转,唤醒学生初次阅读时的情感体验——感动、惊讶和震撼。在这个基础上,何捷老师改变叙事方式,引导学生体会突转结构的作用和妙处。具体而言,就是不再隐瞒人物的身份,一开篇就挑明老支书和小伙子之间的关系。学生体会到不同的结构或情节,对塑造人物形象的作用是不一样的。最后,何捷老师引导学生重读结尾及前文的部分内容,进一步强化学生对人物形象的理解。学生知道了老汉和小伙子之间的关系后再回头看前文的情节,感受肯定是不一样的,用何捷老师的话说,"会读到落泪"。这就进一步深化了学生对情节本身的理解,也进一步帮助学生提升了对人物形象的认知。

我们不难发现,何捷老师在每个教学环节中都精准地设置了支架,有效落实了这个单元的语文要素。

第一,通过向导支架,帮助学生明确阅读方向。向导支架是指无论是聚焦人物、聚焦环境还是聚焦情节,何捷老师一开始总会给学生提供一段辅助内容。比如,何捷老师告诉学生们"小说情节通常是由若干具体事件组成的,而矛盾冲突是构成情节的基础,也是情节发展的推动力"。这个情节向导支架,让学生明确了情节的含义以及读情节最主要的任务是抓住矛盾冲突。于是,学生进入情节后便能迅速捕捉最重要的矛盾,然后自然进入突转结构,从而明白这样的突转结构对于塑造人物形象、提升人物品质意味着什么。

第二,通过问题支架,加深学生的阅读理解。教师在课堂上提问要问到点上,要问在学生的最近发展区。比如,何捷老师引导学生聚焦人物形象、深入把握人物的性格特点时,就设置了一个问题:这篇小说塑造了一位怎样的老支书?然后让学生从人物的语言、动作、神态等角度切入,体会老支书的人物形象。这样的问题支架可以引导学生更深入地阅读文本,更准确地把握人物形象。

第三，通过互文支架，拓展学生的思考空间。课中，何捷老师提供了两次互文资料：在聚焦人物时，联系了《穷人》中的人物神态和语言描写；在聚焦环境时，又一次联系了《穷人》中的环境描写。两篇小说中不同的人物语言描写和环境描写形成了一种互文关系，这一方面很好地拓展了学生的思考空间，另一方面加深了学生对《桥》这篇小说中人物描写及环境描写的理解。

第四，通过情感支架，激活学生的体验。我们知道，思考主要有两种类型，一种是基于体验的思考，带着强烈的情感色彩；另一种是基于逻辑的思考，比较理智、冷静和客观。两种思考各有价值。何捷老师通过配乐朗读、师生合作朗读等方式为学生创设独特的情境，激活学生的情感体验，从而加深学生对人物形象的理解。

第五，通过建议支架，类化学生的碎片经验。我们发现，在每一个板块的结尾，何捷老师都会为学生提供一句或几句非常精练的阅读建议。比如，"情节，展示着作者的构思；情节，影响着小说的品质"是何捷老师在学生充分阅读的基础上给出的阅读建议。设置这样的建议支架，可以类化学生原有的碎片经验，帮助学生梳理和提炼，将建议很好地同化到原有的认知结构中去，从而提升阅读能力和素养。

如何精准设置支架？如何把问题问在学生的最近发展区？何捷老师给我们提供了一个既精彩又能迁移的"支架"。

（赖雪敏、李香君根据讲座视频整理，有改动）

中篇

第四讲

如何通过情节与人物的整合让小说教学立起来
——以孙双金《穷人》课堂教学为例

第四讲的主题是"如何通过情节与人物的整合让小说教学立起来",我们以孙双金老师执教的《穷人》课堂教学为例。

一、《穷人》所在单元的语文要素

《穷人》选自统编小学语文教科书六年级上册第四单元。从阅读学习的角度看,这个单元的语文要素是"读小说,关注情节、环境,感受人物形象"。关于这一要素,我已在第三讲中结合何捷老师执教的《桥》做过说明。

我在这里强调两点。第一点,小说三要素其实是一个整体,它们互相联系,互相作用,谁也离不开谁。所以,不能只说情节而忘了环境与人物,同样的道理也适合其他两个要素。第二点,正因为三要素是一个整体,所以无论我们从哪个要素切入,都必须要涉及、关联、整合其他两个要素。譬如,从情节切入,必然要关涉相应的环境,必然要牵涉对应的人物。一句话,我们必须整体地、联系地把握小说三要素。

二、课文情节梳理

接下来，就让我们进入《穷人》这篇课文。因为课文比较长，我想先简单梳理一下课文的主要内容和基本情节。

《穷人》这篇小说一共有 27 个自然段，按照小说情节的脉络，大概可以分成四个环节。

第一个环节是第 1、2 自然段，讲的是在一个狂风怒吼的夜晚，穷人桑娜在自己的家里焦急地等待着清早就出海打鱼的丈夫回家。这是小说的开端。

第二个环节是第 3～11 自然段。此时已经是晚上 11 点了，夜越来越深了，然而桑娜的丈夫还没有回来。虽然桑娜的屋子里面温暖而舒适，外面却又冷又黑，但是她还是要出去，因为她担心丈夫的安危。她出门以后并没有看见丈夫，结果因为被风刮断的什么东西在敲打着邻居家的门，她想起了自己的邻居。桑娜知道邻居西蒙已经病了，而且病得不轻，于是就很自然地想去看看。桑娜敲了门，没有人答应，她便推门进去，发现西蒙已经死了，只剩下两个孤儿。桑娜把两个孩子抱了回来，但是回到家后，她开始忐忑不安。这是小说的发展。

第三个环节是第 12～23 自然段。桑娜的丈夫回来后，桑娜就开始试探丈夫，想知道他会不会同意收养西蒙的两个孩子。这里有非常复杂又非常出彩的人物对话和心理活动的描写。这是小说的高潮。

第四个环节是第 24～27 自然段。桑娜没想到丈夫会同意收养这两个孤儿，此时她才把自己的决定告诉丈夫：孩子其实已经被抱回来了。这是小说的结局。

以上是这篇小说的主要内容和情节脉络。

三、解读课后思考及练习

我们再来看一看,编者都安排了哪些课后思考与练习。

第一题是"快速默读课文,说说课文主要讲了一件什么事。"毫无疑问,这道题指向小说的情节。如果我们不关注情节,就理不清小说的内容。

第二题是"从课文中找出描写人物对话和心理活动的语句,有感情地读一读,说说从这些描写中,可以看出桑娜和渔夫是怎样的人。"毋庸置疑,这道题指向小说的人物形象。小说的创作以塑造人物形象为己任,所以,阅读小说毫无疑问要把重点与核心放在感受人物形象上。

第三题是"渔家的小屋'温暖而舒适',这样的环境描写对刻画桑娜这个人物有什么作用?找出课文中其他描写环境的句子,体会它们的作用。"很显然,这道题指向小说的环境。它给出了某种提示:环境描写对刻画人物形象是有作用的,至于具体作用是什么,就需自己去体会了。

老师们会发现,编者设计的这三道思考和练习题,指向的就是小说的三要素:情节、人物、环境。编者随后还结合小说安排了"小练笔",这个设计非常好!"小练笔"的要求是让学生想一想,在第19～20自然段中,沉默的桑娜会想些什么。很显然,编者让学生联系课文内容写一写桑娜这个时候的心理活动,其实就是以写促读,促使学生去深入感受人物形象。所以,学生不能乱写、瞎写,得有根有据、合情合理地写,也就是说想象要符合人物的性格逻辑,要符合当时特定的环境,要符合情节所处的那个节点。这是一个极富挑战性的练习设计,它的意图主要在于促进学生的深度思考。

最后,编者还提供了一个"资料袋",介绍了托尔斯泰的生平、代表作,还引用了奥地利著名作家茨威格在传记作品《三作家》当中对托尔斯泰的一段肖像描写。我认为"资料袋"的作用主要是给学生提供一些必要的文学常识，至于深入理解这篇小说，把握小说中的主要人物形象，"资料袋"的作用不是很大。

四、常态教学设计的优势和弊端

基于对单元语文要素、课文情节以及课后思考与练习的把握，老师们会怎么设计《穷人》的教学呢？注意，我这里讲的是常态教学设计。老师们可能会根据单元语文要素以及课后思考与练习设定这篇课文的核心教学目标——关注人物的对话和心理变化过程，感受穷人善良的品行。而且老师们可能会把教学精力主要放在关注人物的心理变化上。那么，围绕这个核心目标，常态教学设计大概会包含如下几个板块。

第一个板块，概括故事情节，感受穷人之穷。这个"穷"主要体现在桑娜和西蒙的物质条件贫乏上。

第二个板块，梳理心理轨迹，探究矛盾心理。其实，桑娜这个人物之所以有感染力，能够打动人，就是因为托尔斯泰在塑造这个人物的时候，揭示了她不同层次的矛盾心理。

第三个板块，关注人物对话，体会内心活动。重要的不是对话本身，而是对话背后人物的内心想法。所以，教学重点最后还是要转移到人物的心理上，其中既有桑娜的心理，也有渔夫的心理。

第四个板块，聚焦人物群像，认识穷人不穷。这里说的穷人至少有三位：桑娜、渔夫和西蒙。我们说穷人穷，主要是指他们的物质条件贫乏，那么，我们说穷人不穷，主要是指他们的精神境界高。虽然他们的物质条件贫乏，但是他们的精神、心灵却是富足的。

以上是常态教学设计的核心目标和四个教学板块。那么，这样的设计优势在哪里？弊端又是什么呢？

常态教学设计的优势是明显的。第一，能够突出这篇小说的个性特点。这篇小说和其他小说不一样的地方就是对人物的心理描写与刻画。第二，能够使教学主线相对清晰，教学内容相对集中。因为老师们把主要教学精力都放在人物心理变化的轨迹上，并且以人物的心理变化作为教学主线。第三，把心理活动描写作为主攻项目，舍去其他能舍的内容，能让学生学得比较扎实，也有助于学生的读写迁移。

但是，常态教学设计也有弊端。第一，这样的设计忽视了对小说一般特征的整体感知与把握。单元语文要素已经明确告诉我们，读小说必须要关注情节、环境，感受人物形象，但是常态教学设计显然忽略了这种整体把握。第二，这样的设计削弱了人物心理与情节变化、环境描写之间的联系。老师们一旦把过多的时间和精力放在人物心理变化的轨迹上，就没有充足的时间去关注人物心理与情节、环境之间的联系。第三，这样的设计肢解了心理描写与人物活动的关系，导致阅读理解的碎片化。比如，在小说的发展阶段点出人物的心理，到了小说的高潮阶段再点出人物的心理，这样肢解前后文的关联，让学生一个点一个点地去理解和把握，会导致学生理解的碎片化。

五、课例观摩

我之所以要先讲这些，是因为如果不弄清楚这些背景信息，可能很难真正把握孙双金老师执教的《穷人》这一课的价值和特点。

孙双金老师执教的《穷人》是一个大课，时长共80分钟。显然，孙双金老师对常态教学设计的弊端有着非常自觉的认识，所以他的教学设计与常态教学设计大不一样。孙双金老师的课无论是设计还是实施，都非常大气，体现在三个方面：第一，教学板块非常简约，教学有弹性；第二，教师引导非常智慧，教学有"活性"；第三，学生探究非常充分，教学有灵性。

现在，我们来看看孙双金老师的核心教学目标和板块设计是怎样的。孙双金老师这堂课的核心目标只有一个，那就是关注情节与环境，聚焦人物的动作、心理与对话，感受穷人的善良品行。很显然，这个核心目标着眼于对小说的整体把握，情节、环境、人物，还有对人物动作、心理和对话的理解均被囊括其中。所以，他这个核心目标具有整体性。

孙双金老师的板块设计非常简约，课堂教学一共包括三个板块。第一个板块是关注故事情节，感受人物心理。这个板块耗时近半个小时。第二个板块是对比环境描写，感受人物性格。他将桑娜家的环境和西蒙家的环境进行对比，引导学生感受桑娜和西蒙各自的性格特点。这个板块耗时近10分钟。第三个板块是聚焦人物活动，感受人物品行。他从人物的动作、心理、对话三个维度逐一展开，引导学生感受人物的品行。这个板块耗时也近半个小时。整个教学设计干干净净，清清爽爽，三个板块分别凸显了小说的三要素。

我们重点关注第一个板块，因为对我们来说，启示意义最大、参考价值最大的就是第一个板块。接下来，请大家带着两个问题学习孙双金老师的授课。第一个问题：小说情节我们应该教什么？第二个问题：小说情节我们可以怎么教？如果你在学习《穷人》的课例时获得了这两个问题的答案，那就是本节课最有价值的收获了。

（1）明确要素，提供支架

师：今天我们学习小说。小说有三大要素，有谁知道是哪三大要素？（生自由回答"人物、情节和环境"）我们接触的第一个要素是什么？（板书：情节）一起读。

生：（齐读）"情节"。

师：大声读。

生：（大声齐读）"情节"。

师：小说的情节一般分成哪四个部分，有人知道吗？说说看，它跟故事有点儿相似。

生：应该是起因、经过、高潮和结果。

师：她说的大体正确，起因、经过、高潮和结果，那么我们一般怎么称呼小说情节的四个部分呢？

生：开端。（师板书"开端"）

师：情节的开端，然后是情节的什么？

生：发展。（师板书"发展"）

师：然后是情节的什么？

生：高潮。（师板书"高潮"）

师：最后是情节的什么？

生：结局。（师板书"结局"）

（2）梳理"开端"，关注"心理"

师：情节一般由四个部分组成，开端、发展、高潮和结局。今天，我们首先走进小说《穷人》的情节，把课本打开。快速默读课文的第1、2两个自然段，然后用一句话概括情节的开端部分写了桑娜在干什么。（生默读课文）谁来说？

生：写的是桑娜急等夫归。

师：桑娜急等夫归，她概括得非常简练，谁还有不一样的？是在什么环境中等她的丈夫归来？

生：桑娜在狂风暴雨中等待丈夫回来。

师：这次说得更完整了，桑娜在狂风暴雨中等丈夫归来，把环境描写放进去了。她的丈夫出去干什么了？你来说。桑娜在——

生：（迟疑）桑娜在……

师：在什么环境中？

生：在狂风暴雨中急等丈夫打鱼归来。

师：等出海打鱼的丈夫归来，是不是？你看，人物——桑娜；环境——狂风暴雨的夜晚；事情——等出海捕鱼的丈夫归来。连起来，自己在座位上说一下，说全了。桑娜在——（学生根据教师的提示，各自口头概括课文的第1、2自然段）这是用一句话概括，是高年级学生必须具备的能力。现在我要请你们用四个字的小标题概括，谁能把这句话浓缩成四个字？（学生讨论）好，你来。

生：我觉得是等夫归家。

师：等夫归家。还有不同的吗？

生：雨中等夫。

师：雨中等夫。还有不同的吗？

生：望夫归回。

师：望夫归回。还有不同的吗？

生：急待夫归。

师：急待夫归，急切地等待丈夫归来。还有没有不同的？（稍顿）那么这几种概括当中，你们觉得哪一种更好？

生：我觉得是"雨中等夫"比较好。

师："雨中等夫"比较好，理由是什么？

生：因为这个词语把事情和环境都融合起来了。

师：他把环境和事情融合起来了。你的观点是什么？

生：我觉得他把环境和人物在干什么事情都包括在这个四字词语里了。

师：你也是同意"雨中等夫"是不是？（生点头）好，

还有补充吗？你说。

生：我认为"急待夫归"更好一点儿，这个急字应该是不能落的，因为第二段语言描写说明桑娜是非常着急的。

师：雨中等夫，突出了环境——雨中；急待夫归，突出了桑娜等待丈夫归来时的急切心情，我觉得都有道理。孙老师总结的是"等夫归来"，我觉得你们概括得比我好，我就用你的"急待夫归"，好不好？给他掌声。（掌声）同学说的比老师好，老师就采纳同学的意见。（板书：急待夫归）桑娜在等待丈夫归来时心情是什么样的？从课文中找一个词语概括一下。哪一个词语写出了桑娜此时的心情？你们应该能找到。你说。

生：我觉得应该是心惊肉跳。

师：一起读。

生：（齐读）"心惊肉跳"。

师：大声读。

生：（大声齐读）"心惊肉跳"。

师：此时，桑娜的心情是心惊肉跳。（板书：心惊肉跳）心惊肉跳是什么意思？谁来解释一下？

生：我觉得应该是心里紧张得好像自己的身体也在跳动。

师：这说明她紧张到了什么程度？

生：紧张到了极点。

师：对，紧张到了极点之后就会表现出什么状态？一起读。

生：（齐读）"心惊肉跳"。

师：为什么桑娜这么紧张呢？

生：外边的环境十分恶劣，丈夫却迟迟不回家，这让她十分担心。

师：她担心丈夫什么？她担心丈夫迷路吗？

生：她担心丈夫在打鱼的时候不小心失手，有生命危险。

师：她还担心丈夫什么呢？

生：因为外面有狂风暴雨，所以她十分担心丈夫的安危。

师：狂风暴雨随时可能把丈夫的渔船吞没了，桑娜因为担心丈夫的安危，所以才心惊肉跳。你说。

生：桑娜其实不仅担心丈夫的安危，她还担心自己。从后面可以看出，她的邻居是一个寡妇，寡妇的日子很苦。如果桑娜的丈夫出什么意外，她的整个家庭都会遭遇灭顶之灾。

师：给他掌声。（掌声）他联系下文说，一旦丈夫出现意外，桑娜也就成了寡妇。桑娜一家有几个孩子？五个孩子。一个寡妇带五个孩子，怎么带得活呢？桑娜为丈夫的安危担忧，为家人的命运担忧，所以才会心惊肉跳。这是故事情节的开端。

（3）梳理"发展"，感受"心理"

师：那么，桑娜是不是一直坐在家里等呢？情节是怎么发展的？快速浏览后面的部分，看看情节是怎么发展的？桑娜接着做了什么事？

生：桑娜接着去探望她的女邻居，发现她的女邻居已经死了，于是她就把女邻居的孩子抱到自己家里。

师：好，他讲了几层意思，桑娜去看望自己的邻居，发现邻居死了，便把邻居的两个孩子抱回了家，是不是？这里包括两件事，一件事是"看望邻居"，还有一件事是什么？举手说，用四个字概括，如果第一件事用四个字概括是"看望邻居"，那第二件——

生：抱回孩子。

师：抱回孩子？你们觉得"抱回孩子"的"孩子"用得准确不准确？人家的孩子你能抱回来吗？这个孩子用得不够准确。

生：我觉得应该是抱回孤子。

师：抱回什么？通俗地说就是抱回什么？孤儿。孤儿跟孩子的区别是什么？你来说。

生：孤儿是没有父母亲的，而孩子可能是有父母亲的。

师：对了，人家的孩子你不能随便抱回来，那叫拐卖儿童，对不对？（笑声）失去了父母亲的孩子才叫孤儿，所以桑娜做的第二件事是"抱回孤儿"。这里有两个词语，一个是"看望邻居"，一个是"抱回孤儿"，你们觉得哪一个对后面的情节发展更重要？

生：我认为应该是"抱回孤儿"，因为后面的内容就是桑娜担心丈夫不让她养这两个孩子。

师：给他掌声。（掌声）他的选择是"抱回孤儿"，因为故事的情节都是围绕"抱回孤儿"来发展的，对不对？那么，"看望邻居"仅仅是抱回孤儿的什么？

生：是抱回孤儿的一个前提。

师：是抱回孤儿的一个前提，还可以说是抱回孤儿的一个什么？你说。

生：原因。

师：原因。桑娜去看望邻居，才发现邻居已经死了，才会决定抱回孤儿，所以主要的情节是"抱回孤儿"。全文都是围绕"抱回孤儿"这个主要情节来写的。那抱回孤儿之后，桑娜有怎样的心理活动？找找书上的一个词语。（停顿）一起说——

生：（齐）"忐忑不安"。

师：大声说。

生：（大声齐读）"忐忑不安"。

师："忐"怎么写？上面是个什么字？

生：（齐）上。

师：上，下面是个什么字？

生：（齐）心。

师："忑"呢？上面是个什么字？

生：（齐）下。

师：下面呢？

生：（齐）心。

师：忐忑不安。（板书：忐忑不安）谁来解释一下忐忑不安是什么意思？

生：我觉得记这个词语有个方法，就是"忐忑"这两个字分别含有上、下，我把它理解成心的上下跳动，这个词说明桑娜内心很不安。

师：心一上一下地剧烈跳动，说明桑娜的内心不安到了——

生：极点。

（4）梳理"高潮"，体会"心理"

师：接下来是故事的高潮。桑娜的丈夫回来了，桑娜是怎么做的呢？谁能用四个字来概括一下？（板书：_____）桑娜有没有说"我把邻居的孩子抱回来了"？她有没有这样做？拿起课文，我们来读一读文章的第23自然段。

生：（齐读）"我也不知道，大概是昨天。唉！她死得好惨啊！两个孩子都在她身边，睡着了。他们那么小……一个还不会说话，另一个刚会爬……"桑娜沉默了。

师：桑娜没有告诉丈夫她把孩子抱回来了，她只是说邻居西蒙死了，她还说"我也不知道，大概是昨天。唉！她死得好惨啊！两个孩子都在她身边，睡着了。他们那么小……一个还不会说话，另一个刚会爬……"桑娜说了一半，不说了，沉默了。桑娜在干吗呢？同桌间讨论讨论。（同桌讨论）谁能用四个字来概括，桑娜在干吗？

生：我觉得她在试探丈夫。

师：给她掌声。（掌声）奖励你做小老师，把你说的四个字写到黑板上。她概括得多么准确，她说桑娜在试探丈夫。（生在横线处板书"试探丈夫"）她就是不告诉丈夫"我把孩子抱回来了"，她就是不说。她说西蒙死得太惨了，那两个孩子那么小，一个还不会说话，另一个刚会爬，然后就不说了，就沉默了。她在试探丈夫的态度，对不对？你看，桑娜多么有智慧。桑娜在等待丈夫的时候心惊肉跳，她抱回孤儿的时候内心忐忑不安，那么她在试探丈夫的时候是什么心理呢？你们同桌之间讨论讨论，用一个四字成语形容一下桑娜在试探丈夫时的心理。（同桌讨论）谁来说？她内心怎么样？（板书：_____）

生：她内心应该是紧张、纠结。

师：紧张纠结，好。还有不同的吗？

生：紧张矛盾。

师：紧张矛盾。还有没有不同的？

生：我觉得是七上八下。

师：七上八下，好的。还有不同的吗？

生：我也认为是忐忑不安。

师：能换一个词吗？汉语的词汇很丰富，和忐忑不安相近的成语还有什么呢？

生：十五只吊桶，七上八下。

师：刚才讲了，七上八下。你来说。

生：我觉得是犹豫不决。

师：犹豫不决。

生：我觉得是左右为难，还有一点儿骑虎难下的感觉。

师：左右为难，骑虎难下。你来。

生：进退维谷。

师：孩子都抱回来了，说又不是，不说又不好，进退维谷，讲得好。

生：坐立不安。

师：坐立不安，她在试探丈夫的时候有种坐立不安的感觉。

生：还有点儿寝食不安的感觉。

师：寝食不安，那么你们说我们选哪个词语呢？

生：左右为难。

师：左右为难是谁说的？掌声给他，奖励他把"左右为难"板书到黑板上。桑娜在试探丈夫的时候，左右为难。（生在横线处板书"左右为难"）字写得非常工整，非常认真。（停顿）好，故事的高潮——试探丈夫，左右为难。

（5）梳理"结局"，推测"心理"

师：接下来是故事的结局。桑娜的丈夫是怎么表现的呢？他是怎么表态的呢？拿起课本，我们读一读课文的第24自然段。

生：（齐读）渔夫皱起眉，他的脸变得严肃、忧虑。"嗯，是个问题！"他搔搔后脑勺说，"嗯，你看怎么办？得把他们抱来，同死人待在一起怎么行！哦，我们，我们总能熬过去的！快去！别等他们醒来。"

师：丈夫的表现怎么样？用四个字概括。（停顿）

生：我觉得他有点儿忧虑、焦急。

师：忧虑焦急是丈夫的心理，不是表态。丈夫是怎么表态的？

生：同意领养。

师：同意领养，这是他的概括。我们再来看看第24自然段，看看丈夫的表态。（朗读）"嗯，你看怎么办？得把他们抱来，同死人待在一起怎么行！哦，我们，我们总能熬过去的！快去！别等他们醒来。"丈夫的表态是什么？仅仅说同意还不够。你说。

生：我觉得是决定抚养。

师：你说。

生：这段话说他皱起眉，脸变得严肃，我的概括是"皱眉严肃"。

师：我前面说了，皱眉严肃是他的神态，不是他的表态。（情境演示）"你快去，桑娜，快去把他们抱回来，快去，你怎么不去呢？"丈夫是什么态度？他现在在干吗？

生：他在催促桑娜。

师：给他掌声。（掌声）掌声不热烈，再热烈一点儿！（生热烈鼓掌）"你快去，快去！"他在催桑娜。谁能用四个字概括？

生：我觉得是同情孩子。

师：你把催字丢到哪儿去了？你说。

生：催促领养。

师：催促干吗？催促桑娜抱回孩子，这叫"催促抱回"。

"催促抱回"和"同意抱回"态度一样不一样？同意，是答应桑娜抱回孩子；催促，是主动地催桑娜，态度完全不一样，是不是？"催促抱回"，你来写这四个字。

（生板书：催促抱回）

师：读语言，要读到语言的内部。"同意抱回"不能把丈夫的情感、态度表达出来。"催促抱回"反映出的态度就不一样了，对不对？桑娜在听到丈夫的催促后有什么表现呢？把最后几段读一读。

生：（齐读）但桑娜坐着一动不动。"你怎么啦？不愿意吗？你怎么啦，桑娜？"

师：感情没有出来。（示范朗读）"你怎么啦？不愿意吗？你怎么啦，桑娜？"你们要把催促的感觉读出来。

生：（齐）"你怎么啦？不愿意吗？你怎么啦，桑娜？"

师："你怎么啦，桑娜？"连起来读。

生："你怎么啦，桑娜？"

师：丈夫催促桑娜去抱回孩子，桑娜却坐在那里一动不动。一动不动是桑娜的动作，是她外在的表现，此时桑娜的内心是怎样的？用一个词语概括。（停顿）桑娜的外在表现是一动不动，可是她的内心却——

生：她的内心应该是欣喜的。

师：欣喜的。

生：解脱，有一种解脱的感觉。

师：有一种解脱的感觉，中国有个成语叫如释重负。还有吗？

生：坦然的。

师：坦然？不大准确，如释重负可以。

生：我觉得是有点儿欣慰。

师：有欣喜、欣慰。

生：我认为她是激动不已的。她坐在那里一动不动，什么动作都没有，我认为这是因为她太激动了，不知道如何表达自己的内心。

师：给他掌声。（掌声）这就读到文字中，读到人物的内心世界中了。此时桑娜可以说是激动不已，内心像大海的波涛一样汹涌澎湃，但是外在的表现是一动不动。奖励你把"激动不已"写到黑板上。（生板书：激动不已）

（6）总结比较，把握精髓

师：我们来看看故事的情节是怎样的。故事的开端是桑娜在狂风暴雨的夜晚急切地等待自己的丈夫归来，此时她的内心是心惊肉跳的。故事的发展是桑娜去看望邻居西蒙，在发现西蒙死了之后，她毫不犹豫地抱回了两个孤儿，但是回到家之后，她的内心是忐忑不安的。故事的高潮是丈夫回来之后，桑娜试探丈夫的态度，此时桑娜左右为难，提心吊胆；丈夫催促桑娜去把孩子抱回来的时候，桑娜虽然一动不动，但是她的内心激动不已。这些就是小说的情节。也有人说高潮和结局可以合在一起，整个部分都是高潮。"'你瞧，他们在这里啦。'桑娜拉开了帐子。"小说在高潮处戛然而止。那么，大家想一想情节和故事的区别是什么？一个作家说过，如果国王死了，后来王后也死了，这叫故事；如果国王死了，后来王后因为伤心过度也死了，这叫情节，情节更讲究内在的因果关系。所以我们在第三部分中归纳的不是"看望西蒙"，而是"抱回孤儿"。因为"抱回孤儿"跟下文的发展有着内在的联系，正因为桑娜"抱回孤儿"，才有"试探丈夫"，正因为"试探丈夫"，才有丈夫"催促抱回",对不对?这就是小说的情节。

孙双金老师为我们提供了一个小说情节教学的范例。观课前,我提醒老师们思考两个问题:小说情节我们应该教什么?小说情节我们可以怎么教?关于这两个问题,孙双金老师的这个教学片段,给我们做出了非常生动、非常经典的回答。

1. 小说情节应该教什么

小说情节我们应该教什么?孙双金老师的这个教学片段给出了答案:第一,小说情节的特征;第二,小说情节的脉络;第三,小说情节的作用。

我们依次来看这三点。

第一,引导学生明确小说情节的特征。老师们都知道,小说有三要素:情节、环境、人物。但是,可能很少有老师知道,小说的情节具备三个特征。

第一个特征是完整统一。开篇交代什么,结局就要予以回应,要体现情节的完整和统一。

第二个特征是情节之间一定要有因果关系。我们看到,孙双金老师拿故事和情节做比较,然后通过引用一位作家的一段形象又精彩的表达,使学生们明白,情节和故事之间最大的区别在于,情节之间有内在的因果关系。在教学中,孙双金老师有意设置了正反两个方面的内容,拿"看望西蒙"和"抱回孤儿"做比较,以强调情节之间的因果关系。

第三个特征是情节中有矛盾冲突。可以说,没有矛盾冲突,就没有情节。《穷人》这篇小说中最主要的矛盾冲突集中体现在两个地方:第一处,桑娜把两个孤儿抱回家以后,她有一番沉思,这番沉思体现了她内心的矛盾冲突;第二处,桑娜试探丈夫,有意说西蒙死得好惨，留下的两个孩子一个还不会说话，另一个刚刚学会爬，接着在沉默中出现了第二个矛盾冲突。

我们发现，孙双金老师正是抓住了小说情节的这三个特征来设计和实施课堂教学的。第一是情节的"完整统一"。从开端到发展，从发展到高潮，从高潮到结局，整个过程都被孙双金老师逐一梳理，形成一个完整的情节链。第二是情节的"因果关系"。孙双金老师通过举例，引导学生比较和发现故事与情节之间的区别，从而让学生非常直观地意识到情节之间的因果关系。第三是情节的"矛盾冲突"。孙双金老师有意将情节梳理与人物心理活动的揭示联系起来，让学生知道人物心理的变化过程正是由情节的矛盾冲突导致的。由此，通过对心理活动的体察，来反观情节的矛盾冲突，帮助学生不断深化对情节内涵的把握。

第二，引导学生理清小说情节的脉络。事实上，小说的情节是分为不同类型的。在统编小学语文教科书中，小说的情节类型主要有三种。第一种是线性情节，《穷人》这篇小说的情节就属于线性情节。第二种是倒叙情节，最典型的就是鲁迅先生的作品《少年闰土》，它的开篇其实是主人公成年以后的回忆，后面才是按照事情的发展顺序写的。第三种是突转情节，《桥》的情节就是典型的突转情节。如果按照线性情节写的话，老支书和年轻人被洪水淹没后故事就应结束了，因为结局已经交代清楚了。但事实上，小说并没有结束，后面又出来一位老太太，她来祭奠两个人，一个是她的丈夫，一个是她的儿子。这就已经不是线性情节，而是一种突转式结尾。《穷人》这篇小说的情节属于线性情节，而线型情节的脉络一般分为四个环节：开端、发展、高潮和结局。很显然，孙双金老师在课堂教学中把线性情节的脉络梳理得非常清楚，可以说做到了环环相扣，步步到位。

第三，引导学生体会小说情节的作用。情节究竟能发挥哪些作用呢？情节的核心作用就是展示人物性格，塑造人物形象。孙双金老师正是紧紧抓住情节的核心作用，引导学生明确，桑娜的性格正是在情节展开、演变的过程中逐渐丰满起来的。

当然，小说情节除了这个核心作用之外，还有其他作用，比如，激发读者兴趣，提供阅读快感，突出活动环境，表现作品主题，等等。通常来说，若小说的情节悬念迭起，曲折多变，极富刺激性，读者就爱读；反之，很多实验性的前卫小说、先锋小说淡化情节，甚至去情节化，有大量对人物的意识流的描写，比如普鲁斯特的《追忆似水年华》、乔伊斯的《尤利西斯》等，我们会感觉读不下去，这就和情节叙事有很大关系。

情节的作用是多方面的，但是其最主要、最核心的作用，毫无疑问是刻画人物性格、塑造人物形象。孙双金老师在引导学生体会小说情节的核心作用这一点上，做得很到位。

2. 小说情节可以怎么教

小说情节我们可以怎么教呢？孙双金老师的这个教学片段，也给我们提供了很多有益的启示。

第一，提供概念支架，梳理情节脉络。课堂教学刚刚开始时，孙双金老师就请学生回忆情节包含几个部分，然后自己又提供了规范的术语（这里的小说情节指的是线性情节）。孙双金老师的术语表述非常规范，整个教学片段就是按照这个概念支架展开的。

第二，列举正反案例，强化情节特征。小说情节具备三个特征，孙双金老师的课重点突出了因果关系。我们发现，他是通过列举正反案例来强化这个特征的。比如，在小说情节的发展部分，孙双金老师先让学生分别概括了"看望西蒙"和"抱回孤儿"两个事件，然后让学生判断哪个更能概括这部分的内容。最后学生明白了背后的道理："抱回孤儿"既是《穷人》这篇小说的核心情节，又和前后情节之间有着紧密的因果关系，所以概括成"抱回孤儿"更合适。在课堂的最后，孙双金老师再一次提出"抱回孤儿"，以说明情节和故事之间最大的区别在于情节之间有鲜明的因果关系。事实证明，这样的正反案例比较，具有非常好的教学效果。

第三，采用双线并进的教学结构，让学生体会情节的作用。我们之前已经分析过，情节的核心作用是刻画人物性格、塑造人物形象。一般的做法是按照情节的脉络将课堂教学分为四个环节，但孙双金老师在展开每一个环节的同时，还要联系人物在这个环节中的特定心理，以此让学生感受独特的人物形象。为什么要采用双线并进的结构呢？我想，一个重要的意图就是要让学生明白，情节是为刻画人物性格、塑造人物形象服务的。情节一旦游离于人物，就失去了意义。

总之，孙双金老师的这堂课带给我们的启示是多方面的，尤其是他教授小说情节的片段让我们明白了两点。第一，要让小说教学立起来，就必须全面完整地理解小说三要素之间的关系，而不是我们通常所做的攻其一点，不及其余。第二，要让小说教学立起来，我们教师需要构建一个大气的教学格局，在情节演变的过程中，放手让学生"瞻前顾后"，发现纵向的因果关系；"左顾右盼"，觉察横向的相互影响，最终让学生在自主探究、充分思考、尽情表达中高质量地达成教学目标。

（刘淑娣、苏馨瑶根据讲座视频整理，有改动）

第五讲

如何以讲故事为主线贯通民间故事教学
—— 以虞大明《牛郎织女（二）》课堂教学为例

第五讲的主题是"如何以讲故事为主线贯通民间故事教学"，我们以虞大明老师执教的《牛郎织女（二）》课堂教学为例。

《牛郎织女（二）》是统编小学语文教科书五年级上册第三单元的第 11 课。从阅读学习的角度来看，这个单元的语文要素是"了解课文内容，创造性复述故事"。从表面上看，这个单元的语文要素似乎包含了两个要求，其实不然。"了解课文内容"应该是"创造性复述故事"的前提。当然，要创造性复述故事，还需要具备一些其他条件。第一个条件，要能梳理故事的情节线索，即故事先讲了什么，接着讲了什么，然后讲了什么，最后讲了什么。学生只有搞清楚故事的情节线索，才有可能创造性复述故事。第二个条件，要能理解故事的主要内容。这是创造性复述故事的重要条件，若对故事的主要内容不理解、理解不到位或理解出现偏差，所谓的创造性复述就可能变成胡思乱想、胡编乱造。

一、创造性复述故事的策略

如何才能让学生学会创造性复述故事？我认为有以下几个方面的方法、策略和技巧。

第一，改变体裁。比如，把故事变成课本剧，就是改变体裁。

第二，改变结构。大多数的故事都是按顺序讲的，我们在教学创造性地复述故事的时候，可以把顺叙变成倒叙。以《牛郎织女》这个故事为例，我们可以从故事的结局开始讲："每年的七月初七，牛郎和织女就会在一座非常特殊的桥上相会，这座桥就叫鹊桥。为什么牛郎织女一年只能相会一次，而且只能在七月初七相会？为什么每年的七月初七会有那么多的喜鹊赶来为他们搭建这样一座桥呢？"像这样讲述故事，叙述的结构就改变了，这也是一种创造性复述。

第三，改变人称。大多数故事都是采用全知全能的第三人称，事实上我们也可以采用第一人称进行复述。比如这个单元的第一篇课文《猎人海力布》，我们就可以试着把第三人称叙事变成第一人称叙事，也就是把自己当作猎人海力布，用"我"的口吻来讲："我"是怎么救下小白蛇的；"我"得到龙王的宝石时，心情怎样；"我"想去帮助乡亲们，但是"我"知道最后"我"可能会变成石头，"我"的心里是怎么想的……这也是一种创造性复述。

第四，刻画人物。民间故事对人物的刻画往往是粗线条的，所以我们在复述时可以加上人物的外貌、动作、语言、神态，甚至还可以加上人物的心理活动，进行创造性复述。

第五，补充情节。故事的作者不可能对所有情节展开详细描述，在《牛郎织女》这个故事中，王母娘娘派天兵天将到人间去查访织女的下落，这个情节写得很简单，我们就可以展开具体描述，这也是创造性复述。

第六，渲染环境。在故事中某些环境被一笔带过，我们可以抓住这些环境描写的空白点进行创造性复述。

以上六个方面，基本囊括了创造性复述故事的方法和策略。

二、课文情节和线索梳理

我们来看看《牛郎织女（二）》这篇课文。引导学生创造性复述课文的前提，是梳理这个故事的情节和线索。《牛郎织女（二）》就是《牛郎织女》这个故事的后半部分，它的故事情节和线索到底是怎样的呢？

《牛郎织女（二）》的开头，讲的是牛郎和织女已经幸福地组成了家庭，男的耕地，女的织布，而且他们已经有了一儿一女。这就是情节一——"男耕女织，儿女成双"。这个情节反映了中国农耕社会对小康生活的向往和憧憬。可以说，男耕女织、儿女成双，是中国农耕社会标准版、理想版的小康生活，从某种程度上反映了民间百姓对美好幸福生活的信仰。

后来，他们家的老牛快要离世了。但是，老牛知恩图报，临死前对牛郎说，要把它的皮留下来，以后万一碰上什么紧急的事，这张牛皮说不定能派上用场，这就是情节二——"老牛临死，留下牛皮"。这个情节为故事的展开埋下了一个重要的伏笔。如果没有这个情节，后面牛郎就没有办法去追赶织女，自然也没有办法和织女在鹊桥上相会。所以，这张牛皮很重要。

再后来，王母娘娘发现织女在人间，于是派天兵天将去查访，最后终于找到了织女的家，随后她亲自抓走了织女。这就是情节三——"王母查访，抓走织女"。

很自然地，就有了后面这些情节：牛郎回到家后，披上牛皮，把两个孩子放在担子两头的筐里，挑起担子就去追赶织女；眼看着快要追上时，王母娘娘拔下玉簪，往背后一划，牛郎眼前便出现了一条天河；那条河很宽，波浪很大，牛郎怎么也飞不过去。这就是故事的情节四——"牛郎追赶，被隔天河"。

最后的情节大家都已经耳熟能详了——"喜鹊搭桥，夫妻相会"。每年的七月初七,喜鹊会为牛郎织女在天河上搭建一座鹊桥,两人在鹊桥上相会。以上便是《牛郎织女(二)》基本的故事情节和线索。

我们要引导学生创造性复述故事,就得先把故事的情节和线索梳理清楚。当然,《牛郎织女(二)》跟《牛郎织女(一)》不一样,《牛郎织女(一)》是精读课文,其重点是落实这个单元的语文要素:要求学生抓住一些情节的空白点,进行创造性复述。《牛郎织女(二)》是略读课文,其重点是完成两项任务。第一项任务,要求学生快速默读课文,了解故事的结局。这个任务比较简单。第二项任务,要求学生思考如何以连环画的形式概括故事的主要情节。这也是一种创造性复述,但更为有趣、好玩。学生不仅要思考画哪些内容,还要思考每一幅连环画下面应该配上什么文字。其实,这就是在梳理故事情节,概述故事内容。

三、以讲故事为教学主线的理由与好处

那么,虞大明老师执教的《牛郎织女(二)》是怎么处理这些任务和语文要素的?又是怎么设计这堂课的教学主线的?

虞大明老师采用了这样的方式:以讲故事为主线,在讲故事的过程中,引导学生梳理故事的情节线索,理解故事的主要内容,并创造性复述故事。可以说,虞大明老师把这个单元的语文要素和这篇课文的学习任务都融入了讲故事这一条教学主线中。

那么,这样设计的理由和好处是什么呢?

理由一,这样的教学主线契合了民间故事的文体特征。民间故事本来就是口耳相传的,在没有人整理之前,它就是一种口头文学。民间故事之所以能够流传下来,靠的就是有人不断讲述。所以,讲故事

本身就契合了民间故事的文体特征。

理由二，以讲故事作为教学主线，可以提升学生精读课文的能力。我们知道这个单元有三篇课文，第一篇课文是《猎人海力布》，第二篇课文是《牛郎织女（一）》。这两篇精读课文的主要教学目标是让学生学习并初步掌握创造性复述课文的一些方法。我们可以通过改变人称来创造性复述《猎人海力布》，通过刻画人物、补充情节来创造性复述《牛郎织女（一）》。现在，以讲故事为主线来贯通《牛郎织女（二）》的教学，正好可以让学生学习和运用在前两篇精读课文中学到的创造性复述课文的方法。

理由三，这个单元的口语交际活动正好是让学生练习讲民间故事，这个教学设计正好可以满足这个单元口语交际的训练要求。

理由四，这个教学设计可以统整略读课文的各项任务。把这个单元的语文要素、这篇略读课文的两个学习任务统整在讲故事中，可以起到一箭双雕的作用。

四、课例观摩

既然虞大明老师的教学主线是讲故事，那虞老师首先就得引导学生梳理这个故事的情节和线索。我们先来观摩虞大明老师这个部分的教学，看看他是怎么引领学生梳理《牛郎织女（二）》的故事情节和线索的。

师：如果让你为《牛郎织女（二）》画六幅画，你会画哪六幅？试着用小标题分别概括一下这六幅画。现在你们手上没有课本，但是你们脑中有课文，第一幅是什么？

生：牛郎织女幸福地生活在一起。

师：牛郎织女非常幸福地生活在一起？如果用八个字的小标题怎么概括？

生：牛郎织女幸福生活。

师：这就是第一幅画。第二幅画跟谁有关？

生：老牛。

师：谁来拟一个小标题？

生：老牛临死前的遗言。

师：老牛临死时怎么样？

生：留下牛皮。

师：挺好，"老牛临死留下牛皮"。第三幅画跟王母有关，是吧？来，谁来说第三幅画的小标题？

生：王母娘娘带走织女。

师："王母娘娘带走织女"，八个字，能改成七个字吗？（个别学生回答"王母娘娘抓走织女"）我觉得可以不用"抓走""带走"，用一个字就行了——抓。

生：王母娘娘抓织女。

师：七个字了，能改成五个字吗？拟小标题的时候，在把意思表述清楚的前提下，我们要尽量让字数少一点儿，简洁一点儿。你们认为是"王母抓织女"好，还是"娘娘抓织女"好？说理由。

生：一提"王母"，大家肯定都会想到王母娘娘，而提"娘娘"，可能只有少数人想到王母娘娘……

师：你的意思我明白了，也就是说天底下娘娘很多，但是王母只有一个，对不对？（笑声）拟小标题是有学问的，在把意思表述清楚的前提下我们要追求简洁。上次老师给别的班的孩子上这节课的时候，有个男孩特别可爱，他说："大明老师，我只用三个字就可以了——王抓织。"（笑声）

王代表谁?

生：王母娘娘。

师：织代表谁?

生：织女。

师：能这样代表吗?不能。好，所以应该是"王母抓织女"。接下来发生了什么?同样用五个字概括第四幅画。

生：牛郎救织女。

师：牛郎救织女，或者牛郎追织女。第五幅画，王母看到牛郎快要追上自己时做了一件什么事?同样用五个字来概括。

生：王母造天河。

师：这个天河是她造出来的吗?她拔下玉簪往背后一划，牛郎面前就出现了一条天河。应该把这个"造"字换成什么?

生：划。

师：重说。

生：王母划天河。

师：特别好!正因为王母划了一条天河，从此以后牛郎织女隔河相望。这个故事的结局可以用哪八个字来概括?

生：牛郎织女鹊桥相会。

师：如果用七个字该怎么说?

生：（齐）牛郎织女鹊桥会。

师：如果用四个字该怎么说?

生：（齐）鹊桥相会。

师：这个故事太有名了，家喻户晓，人们只要一提到鹊桥相会，就自然会想到谁?

生：牛郎和织女。

师：看来这个故事真的已经走进大家的心坎里了。刚才我们凭着记忆把《牛郎织女（二）》的关键情节梳理出来了，我们连起来再说一遍，好吗？

生：（齐说）好。

师：第一幅——

生：（齐）牛郎织女幸福生活。

师：第二幅——

生：（齐）老牛临死留下牛皮。

师：第三幅——

生：（齐）王母抓织女。

师：第四幅——

生：（齐）牛郎追织女。

师：第五幅——

生：（齐）王母划天河。

师：第六幅——

生：（齐）牛郎织女鹊桥相会。

师：看来大家对这个故事真的非常了解。

这是本节课的开始部分。虞大明老师引导学生在快速默读课文的基础上，迅速梳理清楚《牛郎织女（二）》的故事情节和线索。这是讲好故事的前提。

虞大明老师这堂课真正精彩的地方在后面。他以讲故事为教学主线，在讲故事的教学过程中，还有两条副线同时展开：第一条线就是融入讲述方法的点拨，第二条线就是渗透民间故事的特点。

1. 在讲故事的过程中，融入讲述方法的点拨

下面我们先来看第一条贯穿始终的副线——在讲故事的过程中，

融入讲述方法的点拨。怎么才能让学生讲好故事？具体需要教会学生哪些方法？这些方法又应该怎么点拨？这个分寸如何把握？这些是非常有讲究的，既考验教师的教学经验，又挑战教师的教学智慧。譬如"王母查访，抓走织女"这个情节，课文内容是这样的：

> 一天，她亲自到牛郎家里，可巧牛郎在地里干活，她就一把抓住织女往外走。织女的男孩见那老太婆怒气冲冲地拉着织女走，就跑过来拉住织女的衣裳。王母娘娘狠狠一推，孩子倒在地上，她就带着织女一齐飞起来。织女心里恨极了，望着两个可爱的孩子，一时不知该怎么办，只喊了一句："快去找你爹！"

怎么引导学生讲好这部分的故事呢？我们来看看虞大明老师的教学过程。

> （课件呈现"王母抓织女"的课文内容）
> 师：讲好这段故事，对你们来说应该不成问题。为了营造那种紧张的氛围，语气要怎么样？（停顿）语气要急促一点儿。我们讲一遍，争取一遍就过，好不好？来，看大屏幕，开始读。
> 生：（齐读）"一天，她亲自到牛郎家里，可巧牛郎在地里干活——"
> 师：（师生齐读）"她就一把抓住织女往外走。织女的男孩见那老太婆怒气冲冲地拉着织女走，就跑过来拉住织女的衣裳。"
> 生：（齐读）"王母娘娘狠狠一推，孩子倒在地上，她就带着织女一齐飞起来。织女心里恨极了，望着两个可爱的

孩子，一时不知该怎么办，只喊了一句：'快去找你爹！'"（重读"恨极了"）

师：总体不错，讲得特别好的地方有一处。我听到你们明显加重语气的时候，可以做出断定：你们刚才是在讲故事，而不是在念课文。是哪里？

生：（齐）恨极了。

师：对！讲故事和念课文是不一样的，念课文时我们要把课文读正确、读流利，但是讲故事不同，一个讲故事的高手要善于"添油加醋"。如果给你们刚才的讲述评一个等级的话，我认为是中级水平，还有进步的空间。为什么只有中级水平呢？问题出在"快去找你爹"。你们刚才是怎么讲的？我们一起试试看。织女望着两个孩子，大声喊——

生：（齐）"快去找你爹！"

师：你们有没有把自己当作织女？（停顿）有没有扮演好这个角色？她此时心里很焦急。我们再来一遍，织女望着两个孩子大声喊——

生：（齐）"快去找你爹！"

师：好多了，但还是中级水平。要达到高级水平，该怎么讲？请看大屏幕。

（课件呈现）

> "快去找你爹！"
> "快——去——找——你——爹——"

生：（自由读）"快——去——找——你——爹——"

师：理解吗？

生：我觉得她是在高空中喊"快去找你爹"，喊的时间比较长。

师：王母和织女是神仙，一飞就飞远了，跟两个孩子之间有很远的距离。我帮助你们理解一下，现在我和你们之间没有距离，所以我问好就这样问："同学们好！"（语气干脆）你们怎么回应？

生：老师好！

师：要是你们离我很远，你们在会场的另一头，那我肯定这样问好："嗨，同——学——们——好。"（边喊边做招手状）你们怎么回应？

生：老——师——好——

师：一个讲故事的高手能讲出距离感，明白吗？来，一起试试。织女望着两个孩子，大声喊——

生：（齐喊）快——去——找——你——爹——

师：好，达到高级水平了！要是我讲，我不准备这样讲，因为我是特级。（笑声）我会怎么讲呢？

（课件呈现）

> "快去找你爹！"
> "快——去——找——你——爹——"
> **"快——去——找——你——爹——"**

师：理不理解？

生：前面你也说了，织女和王母她们两个是神仙，会越飞越远。

师：飞行的速度怎么样？

生：非常快，她们越飞越远，但织女是在以同一个音量在喊，所以飞远了之后声音就变小了。

师：织女以很快的速度飞远了，孩子们听到的声音就变小了。来，一起讲，争取一遍过！织女望着两个孩子，大声喊——

生："快——去——找——你——爹——"（声音逐渐变小、变弱）

师：厉害！给自己鼓掌。（掌声）你们终于达到特级水准了！这样讲故事有意思吗？

生：有！

师：这是因为你们很好地用到了讲故事的什么诀窍？

生：扮角色。

（课件呈现：扮角色）

这是一个非常精彩的片段！虞大明老师点拨的是扮角色这一讲故事的方法，但处理得又非常艺术。我们来看虞大明老师是如何做的。

第一，突出关键点，防止面面俱到。指导学生讲好故事，似乎要指导的点有很多，极有可能出现眉毛胡子一把抓的情况。而虞大明老师非常敏锐地把握住了这个片段的讲述关键——"快去找你爹"，这个关键抓住了，这个片段的讲述就生动了。

第二，在学生讲述的过程中指出问题，使学生明确努力方向。学生没有意识到，自己扮演的这个角色织女已经飞向了高空，离两个孩子越来越远，而且因为她是神仙，又是被王母娘娘抓走的，所以飞行的速度是非常快的，因此她喊出的这句话应该达到课件最后呈现出来的效果。把问题搞清楚了，学生自然就知道自己应该往哪个方向努力。

第三，提供支架，唤醒角色意识。光指出问题还不够，有了问题，没有台阶，问题还是解决不了。所以，虞大明老师为学生精心设计了"快——去——找——你——爹——"这个台阶：先运用破折号，让学生明确要把讲述的声音拉长；然后改变字号的大小，让学生很直观地意识到，织女的声音是逐步减轻、减弱的。虞大明老师唤醒了学生的角色意识，使他们真正走进织女这个人物形象。从这里，我们可以看到教学支架的价值所在。

我们再来看一个情节：牛郎追织女。牛郎被王母娘娘用玉簪划出的天河给挡住了，怎么也过不去。课文内容是这样的：

一出屋门，他就飞起来了，耳边的风呼呼直响。飞了一会儿，望见妻子和老太婆了，他就喊"我来了"，两个孩子也连声喊"娘"。越飞越近，眼看要赶上了，王母娘娘拔下头上的玉簪往背后一划，糟了，牛郎的前边忽然出现一条天河。天河很宽，波浪很大，牛郎飞不过去了。

怎么引导学生讲好这个片段？讲好这个片段可以运用哪些讲故事的方法呢？我们继续观摩虞大明老师的课堂教学片段。

师：课文中说，天河很宽，波浪很大，牛郎飞不过去。（停顿）牛郎不是披着神奇的牛皮吗？他怎么就飞不过去了呢？
生：因为王母娘娘是神仙，很厉害，她划的天河很宽，波浪很大，那张牛皮不能帮牛郎飞过去。
师：我知道，王母娘娘的法力比老牛厉害，但牛郎怎么就飞不过去了呢？
生：因为天河很宽，波浪很大。
师：我知道天河很宽，波浪很大，那牛郎怎么就飞不过去了呢？
生：王母娘娘施了法术，天河会涨高。

师：我要给你们一点儿提醒，因为你们刚才犯了个错误。你们在读故事的时候，只关注了情节，而没有关注语言。老师刚才让你们看"水漫金山"，难道白看了吗？你们能不能从中得到启示——牛郎怎么就飞不过去了呢？哪句话给了你们启示？把它念出来——

（课件呈现《白蛇传》节选内容）

生：（齐读）"大水涨一尺，长堤就高一尺，大水涨一丈，长堤就高一丈，任凭你波浪怎样大，总是漫不过去。"

师：对啊，你们要是刚才读"水漫金山"这段情节的时候关注了这处的语言，就能解决牛郎为什么飞不过去这个问题，现在明白了吧？牛郎为什么飞不过去？（停顿）牛郎往前飞一尺，天河就宽一尺，牛郎往前飞一丈，天河就宽一丈，牛郎往高飞一尺，天河就高一尺，牛郎往高飞一丈，天河就高一丈，牛郎无论怎么飞，总是飞不过去。是不是就解决了？来，我们一起合作。天河很宽，波浪很大，牛郎飞不过去了。只见牛郎往前飞一尺——

生：（齐）天河就宽一尺。（语速较慢）

师：太慢了，衔接得不够好！只见牛郎往前飞一尺——

生：（齐）天河就宽一尺。（语速加快）

师：牛郎往前飞一丈——

生：（齐）天河就宽一丈。

师：牛郎往高飞一尺——

生：（齐）天河就高一尺。

师：牛郎往高飞一丈——

生：（齐）天河就高一丈。

师：牛郎无论怎么飞——

生：（齐）就是飞不过去。

师：给自己鼓掌！你看这个问题不就解决了吗？！刚才，我们通过想象创造性复述了这个故事，使得这个故事更加吸引人。所以，我们用三个字来概括讲故事的第二个诀窍，那就是添想象。（板书：添想象）

应该说，这同样是一个非常精彩的教学片段。在这里，虞大明老师又是怎么点拨学生讲故事的方法的呢？

第一，指出问题，让学生思考环境描写的空白点。虞大明老师先引导学生理解课文的关键情节，然后指出问题：那张牛皮也有神奇的功能，牛郎为什么就飞不过去？如果老师不指出这个问题，学生可能意识不到，因为在这个故事中，这一块的环境描写是空白的。老师指出问题，就是要让学生思考这个环境描写的空白点里藏着什么。

第二，提供范例，让学生关注环境描写。为了降低难度，虞大明老师提供了一个范例，那就是另一个著名的中国民间故事《白蛇传》中的一个非常有名的情节——水漫金山。提供这样一个范例，目的是让学生去关注水漫金山时，白娘子是怎么让水涨起来的，而法海又是怎么将他的袈裟变成一道堤，让这个堤阻挡大水。学生看了这一部分的环境描写，再看到王母划天河这个情节，自然就明白了。

第三，举一反三，让学生通过添加想象渲染环境。这是一种故事的迁移，也是一种范例的迁移。在这个过程中，学生已经自然而然地理解了创造性地讲故事是怎么一回事。我们可以非常明显地感受到，学生讲故事的能力在逐步提升。这部分的点拨是非常精彩的。

以上是第一条副线，就是在讲故事的过程中，告诉学生恰当的讲述方法。

2. 在讲故事的过程中，渗透民间故事的特点

第二条副线是在讲故事的过程中，渗透民间故事的特点。我们先

对民间故事这一体裁的特征做一个简单的说明，民间故事主要有以下五个特征。

第一，传奇性。民间故事的很多情节很奇幻，很奇特。在《牛郎织女》《白蛇传》《梁山伯与祝英台》和《孟姜女哭长城》中，这一点都有所体现。

第二，戏剧性。这里所讲的戏剧性，指的是民间故事在展开过程中会不断出现矛盾冲突，以矛盾冲突来推进故事发展，所以民间故事往往会有很多转折，所谓一波三折，曲径通幽。

第三，口述性。在被整理成文字之前，这些故事往往是口耳相传的，即便被整理成了文本，民间故事还是带有很强的口语色彩。

第四，变异性。因为民间故事是口耳相传的，是通过一代代讲故事的人流传下来的，所以民间故事往往会有不同的版本，有的是细节不同，有的是情节不同，有的甚至是人物数量、人物关系不同。

第五，集体性。民间故事的版权很难落实到具体的某个人身上，因为它往往是集体创作的结果。正因为民间故事是集体智慧的结晶，所以它往往反映的是集体的艺术和信仰。

我们在引导学生学习民间故事的过程中，没有必要把这些体裁特征都一一讲清楚，更没有必要把它们作为知识点灌输给学生。那么，虞大明老师在引导学生讲《牛郎织女（二）》这个故事的过程中，又是怎样自然、巧妙地渗透民间故事的体裁特点的呢？我们继续观摩。

（课件呈现"王母抓织女"的课文内容）
师：为什么这个情节在整个故事里特别重要？
生：它起到了一个铺垫的作用。
师：是做了个铺垫，你继续说。
生：如果没有这个铺垫，后面也就没有鹊桥相会的情节了。

师：没有这段情节，就没有后面的故事了。他关注到了这个情节为后面的故事发展做了铺垫。你还发现了什么？

生：如果少了这个情节的话，那前面老牛留下的牛皮就没用了。

师：就浪费了，是吧？你们有没有发现这段情节在整个故事当中是一个转折点？（停顿）牛郎织女的幸福生活到此结束了，整个故事的情感由喜转悲。在一个好的民间故事中，这样的转折点特别多。我们用三个字来概括——转折多！（板书：转折多）这样就使得整个故事一波三折，故事情节跌宕起伏，特别吸引人。

"转折多"是一种通俗的说法，学生容易理解。其实，这就是指民间故事具有戏剧性的特点。转折来自人物之间的矛盾冲突，可以说，没有矛盾冲突，就没有民间故事。课文中的冲突是天上的规则和民间的规则之间的冲突，这种冲突是不可调和的，于是故事就继续向前推进。虞大明老师在故事的讲述过程中，很自然地渗透了民间故事的这个特点，分寸拿捏得非常好。我们继续观摩。

师：织女被抓，牛郎当然要去追。此时整个故事中最精彩的情节出现了，分别是——牛郎追织女，王母划天河。这两部分情节再次证明了民间传说故事的特点——幻想奇。有没有发现里面有两处神奇的幻想？第一处——

生：牛郎披上牛皮就可以飞了。

师：言简意赅地说，第一处，披上牛皮能飞；第二处——

生：拔下发簪就可以划天河。

师：王母拔下发簪居然能划出天河！孩子们，我每次读到这段情节的时候，都会很自然地联想到咱们中国古代四大民间传说故事当中的另外一则故事当中的一个家喻户晓的情节，因为它们有着异曲同工之妙。（停顿）你们肯定不知道，那我提示一下——《白蛇传》。

生：哦！（恍然大悟状）

师：《白蛇传》里有一个情节跟这个特别像，那个情节用四个字概括，叫——

生：水漫金山。

师：没错，叫"水漫金山"。我们一起来看一下《白蛇传》里的"水漫金山"！

（课件呈现"水漫金山"情节内容）

师：这就是《白蛇传》里的"水漫金山"，特别有名，家喻户晓！里边也有两处神奇的想象，第一处，白娘子拔下什么？

生：金钗。

师：金钗能干吗？（停顿）能召来滔天的大水。第二处，说的是谁？

生：法海和尚。

师：法海和尚脱下的袈裟居然能变成一堵长堤！孩子们，可见民间传说故事的幻想真的很神奇，就像有人说的，没有神奇的幻想，就没有民间传说故事，我认为这句话说得特别有道理。

"幻想奇"其实就是我们刚才讲的传奇性，但是虞大明老师在教学过程中，没有刻意地灌输和提炼所谓的概念，而是引导学生在关注情节、理解情节的过程当中，自然而然地体会这一点。并且，为了加深学生对这个特点的理解，他还引用了其他民间故事。当然，这里的引用还有别的教学意图。

那么，在虞大明老师的课堂里，还有没有别的民间故事特点被巧妙地渗透呢？我们继续观摩。

师：前段时间，我一直在搜集与牛郎织女相关的素材。我打开一本连环画，翻了几页，就犯迷糊了，为什么呢？请看——（课件呈现老牛与牛郎另一个版本的对话）

师：我犯迷糊了，你们有没有犯迷糊？

生：有呀。

师：你犯什么迷糊了？

生：不是说老牛已经死掉了吗，为什么老牛还会见到王母抓织女？

师：那你又犯了什么迷糊？

生：老牛说"你快剪下我的尾巴吧，在你的额头上扫一扫便可以飞上天了"。

师：在我们的课文中，牛郎是怎么飞上天的？

生：披上牛皮飞上天的。

师：这儿呢？将剪下来的尾巴在额头上扫一扫，就能飞上天。两者不一样，为什么会不一样呢？

生：因为民间故事本来就是虚构的。

师：幻想出来的，没错。

生：这个故事和课文有点儿出入，但大致意思一样。其实，有很多不一样的方式来表达同一个故事。

师：你的意思我大概听明白了。其实你讲了那么多，这个孩子用三个字就概括了。（将话筒递至另一位学生的嘴边，该生迟疑地未说话）你刚才冒出来一个词，自己都忘了，你说什么多？

生：版本多。

师：他刚才脱口而出的是三个字——版本多！民间传说故事主要是靠什么来传播的？这个单元中有一个四个字的词可以概括——

生：口口相传。

师：口耳相传。所以，民间故事没有固定的版本，如果讲述者在传播故事的时候加上了自己的想象，很有可能另外一个版本就出现了。所以，民间传说故事的第三个特点是——

生：（齐）版本多。

师：版本多。（板书：版本多）老师希望你们把不同版本的《牛郎织女》都找出来，进行比较阅读，你会觉得挺有意思的。

"版本多"其实就是指民间故事的变异性。因为民间故事是口头文学，所以版本很多。虞大明老师很巧妙地结合了"添想象"这一点，来进一步说明版本多的原因。现在我们可以总结一下，虞大明老师在引导学生讲好这个故事的过程中，是如何引导学生把握民间故事的文体特点的。

第一，通过探究结构作用渗透戏剧性。王母娘娘派天兵天将查访人间并亲自抓走了织女，虞大明老师在此处引导学生思考，这部分情节在整个故事里究竟发挥着怎样的作用。用他的话来说，这部分情节是一个巨大的转折点，故事在此由喜转悲。正是通过探究这个情节的作用，学生意识到了民间故事具有戏剧性的特点。

第二，通过联系故事情节渗透传奇性。毫无疑问，民间故事会有很多奇特的情节，体现出某种超自然的神奇力量。抓住这些内容，就能让学生很自然地体会到民间故事的传奇性。

第三，通过拓展文献资料渗透变异性。光看民间故事的其中一个版本，学生显然还体会不到变异性这个特点。虞大明老师找来了另一个版本的《牛郎织女》，让学生通过对比参照，发现细节、人物形象等的不同，从而让学生体会到民间故事的变异性。

虞大明老师执教的《牛郎织女（二）》带给我们的启示是多方面的。我们知道，统编小学语文教材有一种按文体编排的特殊单元。这样编排的目的在于唤醒教师的文体意识，引导教师遵循文体特征实施教学。我们这次观摩的《牛郎织女（二）》，就属于民间故事单元。民间故事本来就是一种口耳相传的文学体裁，所以虞大明老师用讲故事的方式引导学生学习民间故事，从中习得讲述技巧，明了文体特点，是合情合理的。这样做，既彰显了虞大明老师的文体意识，也体现了他对语文学习规律的尊重。文体不同，教法各异——这是虞大明老师这堂课带给我们的最大启示。

（邹雪葵、李美璇根据讲座视频整理，有改动）

第六讲

如何在基础阅读中融合多种识字教学策略
—— 以许嫣娜《青蛙写诗》课堂教学为例

第六讲的主题是"如何在基础阅读中融合多种识字教学策略",我们以许嫣娜老师执教的《青蛙写诗》课堂教学为例。

一、小学语文各学段理想的课堂风貌

在观摩这个案例之前,我有必要先对小学语文各个学段不同的课堂教学所呈现出来的课堂风貌做一番说明,因为学段不同,我们教学的侧重点、选择的教学策略便有所不同。下面,我们一起来看看小学各个阶段课程教学的基本特点以及理想的课堂风貌。

小学语文各学段课程教学的基本特点

学段	语文课程教学的基本特点	理想风貌
第一学段	1. 注重识字、写字教学,培养学生的独立识字能力。 2. 注重词句的理解与积累。 3. 注重朗读指导,融朗读、识字、阅读理解、口语交际于一体。 4. 注重童趣化情境的创设,教学板块容量要小,转换要快。 5. 注重良好习惯的养成,教学指令要清晰、简明。	童趣为重 严慈相济

续表

学段	语文课程教学的基本特点	理想风貌
第二学段	1. 注重独立识字能力的培养。 2. 注重对关键词句的理解。 3. 注重语文要素的落实，结合语段教学强化语文要素的培养。 4. 注重朗读过程中的情感体验，适当展开想象。 5. 注重语段的读写迁移。	情趣为先 扶放相成
第三学段	1. 注重对含义深刻词句的理解。 2. 注重体验性朗读，引导学生读出个性与想象。 3. 注重文体意识，按照文体特征进行篇章教学。 4. 注重语文要素的进一步落实，关注语文要素之间的联系与融合。 5. 注重语言表达形式的学习与运用。	理趣为贵 情智相融

我对这三个学段语文课堂教学的理想风貌做了一个简要的概括。我觉得第一学段理想的课堂教学风貌是童趣为重，严慈相济。童趣为重，是契合第一学段学生的身心特征的。这个阶段的学生刚从幼儿园进入小学，而幼儿园的教学主要是以游戏为主，上了小学后学生要开始逐渐适应以学习为主的校园生活。要想更好地过渡、衔接，我们的课堂教学就要高度关注童趣。在这个过程中，老师要做到严慈相济：所谓"严"，就是在教授语文基础知识、培养学生的基本技能和基础习惯时要一丝不苟，不能含糊；所谓"慈"，就是亲切、亲和，和学生打成一片，做学生的朋友。

我认为第二学段理想的课堂教学风貌是情趣为先，扶放相成。课堂教学要注重情趣，尤其要挖掘文本蕴含的情感和审美因素。教师教学时应该先扶后放，最后扶放相成，以逐步培养学生独立自主的学习和探究能力。

我认为第三学段理想的课堂教学风貌是理趣为贵，情智相融。第三学段学生的身心已经表现出青春期初的一些特征,他们的理性思维开始发育,思维中的批判性意识开始觉醒。在这个时候,我们的课堂教学风貌宜以理趣为贵,但是这个理趣不是机械的、纯粹的逻辑分析,而是讲究情智相融——既有情感,又有理智。

二、课文及教学任务解读

《青蛙写诗》是统编小学语文教科书一年级上册的第 7 课,课文内容如下。

> 下雨了,
> 雨点儿淅沥沥,沙啦啦。
> 青蛙说:"我要写诗啦!"
>
> 小蝌蚪游过来说:
> "我要给你当个小逗号。"
>
> 池塘里的水泡泡说:
> "我能当个小句号。"
>
> 荷叶上的一串水珠说:
> "我们可以当省略号。"
>
> 青蛙的诗写成了:
> "呱呱,呱呱,
> 呱呱呱。
> 呱呱,呱呱,
> 呱呱呱……"

从文体上看，这篇课文是典型的儿童诗。从结构上看，这首诗是典型的总分总结构。第一小节，"下雨了，雨点儿淅沥沥，沙啦啦。青蛙说：'我要写诗啦！'"这是总起，营造了一个特殊的环境。什么环境？下雨了。我们读完就会发现，这个环境非常重要，没有"下雨了"，后面的一切就都不可能存在。之后青蛙兴奋了，要写诗。接着，小蝌蚪出现了，它要当小逗号；水泡泡出现了，它能当小句号；一串水珠出现了，它们可以当省略号。这是分述，分述的三个部分属于并列关系。最后一个小节，青蛙的诗写成了，"呱呱，呱呱，呱呱呱。呱呱，呱呱，呱呱呱……"这是总结，和前文呼应。前文"青蛙说：'我要写诗啦'"，后文"青蛙的诗写成了"，这是典型的总分总结构，非常完整、清晰。

我们分小节来看。

"下雨了，雨点儿淅沥沥，沙啦啦。"这一节中有两个拟声词，"淅沥沥"表示雨下得比较小，"沙啦啦"表示雨下得比较大。我们从中可以看出，雨是由小到大的。为什么这个时候，青蛙说"我要写诗啦"？其实，这首儿童诗的背后是有科学道理的。因为青蛙喜欢潮湿、阴冷的环境，所以下雨后青蛙就特别容易兴奋，叫得非常欢快，所以它才会说"我要写诗啦"。

小蝌蚪游过来说（下雨的时候，小蝌蚪会成群结队地出现，这也符合科学常识）"我要给你当个小逗号"，是因为小蝌蚪的外形像极了小逗号（圆点加个尾巴）。

池塘里的水泡泡说（下雨了，池塘里就会出现水泡泡，这也是生活常识）"我能当个小句号"，是因为水泡泡的外形像极了小句号，二者都是圆形的。

荷叶上的一串水珠说"我们可以当省略号"。请观察课文中的插图，一片荷叶上有六个大小不等的小水珠，这样的造型像极了省略号。

最后，青蛙的诗写成了，"呱呱，呱呱，呱呱呱。呱呱，呱呱，呱呱呱……"诗中有什么？有逗号，这是小蝌蚪帮的忙。诗中有句号，这是水泡泡帮的忙。诗中有省略号，这是一串水珠帮的忙。课文的题目叫《青蛙写诗》，贯穿始终的也是青蛙写诗，尽管有小蝌蚪、水泡泡和一串水珠帮忙，但主角是青蛙。

"呱呱，呱呱，呱呱呱。呱呱，呱呱，呱呱呱……"青蛙最后写成的诗到底在讲什么？这是一首儿童诗，充满童真和童趣。我们可以根据它的音韵节奏，引导学生展开想象。青蛙可能是说："呱呱，呱呱，谢谢啦！"那么，青蛙可以把这首诗送给谁呢？可以送给小蝌蚪，因为小蝌蚪帮了忙；可以送给水泡泡，因为水泡泡帮了忙；可以送给一串水珠，因为一串水珠帮了忙。青蛙也可能是说："呱呱，呱呱，美极啦！"下雨了，池塘里的小蝌蚪游过来了，水面上泛着水泡泡，荷叶上滚动着晶莹的水珠，多美的环境啊！下雨的声音加上青蛙"呱呱呱"的叫声，简直就是一首夏天的交响曲。青蛙还可能是说："呱呱，呱呱，真好啊！"有那么多小伙伴过来帮忙，能不好吗？"真好啊！"那是青蛙发自内心的感叹。

我们甚至可以想象，青蛙的诗是写给学生的，它好像在说："呱呱，呱呱，顶呱呱！"学生们学得那么好，读得那么好，顶呱呱！所以，青蛙的诗可以送给不同的对象，表达不同的情感。这就是儿童诗，想象丰富，充满童趣。

《青蛙写诗》这篇课文有哪些教学任务？我们不妨结合课后的练习题做一番梳理。

第一，认识11个生字，以及"秃宝盖""四点底"。

第二，书写4个生字，其中3个是独体字，1个是合体字。

第三，朗读课文，说一说青蛙写诗的时候谁来帮忙了。这就要求学生在朗读的过程中，提取关键信息，完成对这篇课文内容的整体感知。

第四，圈出青蛙写的诗里的逗号和句号。很显然，这是让学生结合具体的课文情境，认识逗号和句号。

第五，读一读：诗歌、诗人；以前、以后；你们、他们；写字、写作业。这是用分类的方式，帮助学生积累相关的词语。

三、课例观摩

这篇课文一共有五大学习任务，许嫣娜老师用了两个课时来完成，我们主要观摩第一课时。

许嫣娜老师执教的第一课时的核心目标是引导学生在朗读课文、了解课文关键信息的过程中，认识本课的 11 个生字。围绕这个核心目标，第一课时主要包含三个板块。第一个板块，温故导入，归类识字。教师引导学生复习前面已经学过的一些内容，然后进行归类识字。第二个板块，整体感知，词串识字。教师引导学生整体感知这首儿童诗，然后进行词串识字。第三个板块，提取信息，随文识字。在整体感知的基础上，教师引导学生提取课文中的关键信息，了解课文的主要内容，同时随文识字。大家会发现，识字教学是贯穿始终的，识字是第一课时的核心目标和主要任务。

接下来，我们一起来学习许嫣娜老师是怎样落实识字这个核心目标和主要任务的。

1. 温故导入，归类识字

师：上了小学后，小朋友们学了很多首诗，对不对？
生：（齐）对。
师：我来考考你们。我说上半句，你们接下半句，敢不敢接受挑战？

生：（齐）敢。

师：速度要快！锄禾日当午——

生：（抢答）汗滴禾下土。

师：正确。白毛浮绿水——

生：（抢答）红掌拨清波。

师：太快了！远看山有色——

生：（抢答）近听水无声。

师：哎呀，我怎么考不倒你们呢，让我来一个难一点儿的好不好？众人一条心——

生：（抢答）黄土变成金。

师：老师失败了，小朋友们的反应太快了，记得太牢了。刚才我们背的这些都叫诗歌，就是这两个字。（课件呈现：诗歌）从古时候留下来的，叫古诗。现代人写的，叫现代诗。适合咱们小朋友读的诗就是儿童诗。这些诗有一个共同的名字，这个名字就叫——

生：（小声）诗歌。

师：反应不够快。这个名字就叫——

生：（又快又齐）诗歌。

师：真棒！每一首诗歌都有作者，会写诗歌的人也有一个好听的名字。（课件呈现：诗人）"诗歌"和"诗人"有一个共同的字，就是——

生：诗。

师：这个诗为什么是言字旁啊？

生：一个人小时候发言很多，长大了就能写出诗。

师：你对诗人的理解太有道理了。小时候发言很多，说话很多，长大后就能成为诗人，对不对？这表示你特别会思考。我觉得你长大后也有可能成为诗人，因为你一直在举手。小朋友的话很有道理，老师补充一下，我们就更加明白了。诗是用语言写成的，所以"诗"是言字旁。

今天，我要给你们介绍一位很特别很特别的诗人，你们一定不知道它居然也会写诗。你听，它跟你们打招呼了，呱呱呱。

生：青蛙。

师：谁啊？

生：（齐）青蛙。

（课件呈现：呱呱，呱呱）

师：你看，青蛙不仅会捉虫，它还骄傲地说："我是个大诗人，我要写诗啦！"我们来看看它都写了什么。谁来读？

生：呱呱，呱呱。

师：她读出了节奏。谁再来读？

生：呱呱，呱呱。

师：这是一只温柔的小青蛙。

生：呱呱，呱呱。

师：你看，她的节奏明显加快了。小诗人的诗又变了，谁会读？

（课件呈现：呱呱呱）

生：呱呱呱。

师：你看，读得特别快。

生：呱呱呱。

师：我觉得你特别有诗人的感觉，发音特别清晰。

生：呱呱呱。

师：你看，每个人都能读出自己的节奏。注意，青蛙诗人把它的诗合起来了，谁会读？有点儿难读，请你来读读。

（课件呈现）

> 呱呱，呱呱，
> 呱呱呱。

生：呱呱，呱呱，呱呱呱。

师：你们听出来没有？他读的时候后面还有一点点拖声。青蛙好像在说："我写的诗你们听不懂吧？"你们赶紧多读读，多想想。谁再来读？

生：呱呱，呱呱，呱呱呱。

师：发音特别准。读的时候咬字要清楚，让大家都听到。所有同学一起来读读这两行。

生：（齐读）呱呱，呱呱，呱呱呱。

师：真棒！小青蛙开始写诗了，它也成了一个大诗人。老师把这四个字写在黑板上。小朋友们可以选择用眼睛看，在心里边跟着老师写，也可以举起右手跟老师一起写。

（板书：青蛙）小青蛙吃虫子，所以"蛙"是虫字旁。这个"写"字很关键，里面包含着一个新部首，光秃秃的，跟我说——秃宝盖。（生自由跟读）反应没我快，没我说得响。（师再范读，生跟读）（板书：写）最后一个字是"诗"，谁来提醒我，它是什么旁？

生：（齐）言字旁。

师：哎呀，说得特别快的小朋友成了老师的老师了，真棒！（板书：诗）我们一起把这四个字连起来读。

生：（齐读）青蛙写诗。

师：我们来看看这个"写"字，里面包含着一个新的部首，这个部首就叫——

生：言字旁。

师：哪个小朋友在喊言字旁的？看来有点儿忘记了。（两生举手）只有两个人记得。我们再来看看这个字，上面光秃秃的地方叫——

生：（齐）秃宝盖。

（课件呈现：写，写字，写作业）

师：小朋友们平时经常会用铅笔写字，老师在黑板上用粉笔写字，小朋友们回家后还要自己用笔写作业。这些词当中都含有"写"，它的上面是一个新部首，这个部首就叫——

生：（齐）秃宝盖。

这个板块的识字教学是很有特点的。

第一个特点：依据题目信息，创设识字情境。其实，这一教学片段的识字情境都源于"青蛙写诗"这个题目。"写""诗"是学生在这堂课上要掌握的生字。许嫣娜老师巧妙地抓住"诗"，通过"温故"，营造了一个学生熟悉的语言环境。他们学过《悯农》《咏鹅》《画》，以及一些经典名言（这些都是广义的诗），自然就明白了诗的基本意思。然后，许嫣娜老师着重凸显"诗"的偏旁部首——言字旁。同样的道理，"写"也来自课题信息。所以，识字情境的创设充分利用了题目中的信息。

第二个特点：围绕目标生字，进行归类集中。围绕第一个目标生字"诗"，学生们接连认识了"诗歌""诗人"。围绕第二个目标生字"写"，学生们接连认识了"写字""写作业"。这样的归类集中，充分体现了汉字的基本规律，也极大地提高了学生的识字效率。

第三个特点：结合汉字规律，突出字形特点。我们都知道，汉字既是象形文字，又是音、形、义统一的文字。小学第一学段的识字教学难点在字形上。在这个片段中,许嫣娜老师抓住了"诗"的言字旁和"写"的秃宝盖,尊重了汉字的规律,重点突出了字形。识字教学不能面面俱到,要结合汉字的基本规律和每一个字的基本特点分散难点,凸显特点。

2. 整体感知,词串识字

师:好,课文中出现了很多难读的词语,我看看小朋友们能不能读准确。第一个,谁来读?

(课件呈现:下雨)

生:下雨。

师:声音响亮,跟着老师一起读。

生:(齐读)下雨。

师:我发现全班一起读,节奏就慢了,齐读的节奏和个别读的节奏应该是一样的,大家再来读一次。

生:(齐读)下雨。

师:好,第二个词语里有一个轻声,谁能读准它?

(课件呈现:我们)

生:我们。

师:有点儿轻。谁能比她更轻?

生:我们。

师:很好,又轻又短,轻声读得准。大家一起读。

生:(齐读)我们。

师:很好!第三个词语,两个字都是生字,你看准了吗?你来读读。

(课件呈现:可以)

生:可以。

师：全班一起读。

生：（齐读）可以。

师：三个词语连起来谁会读？你来试试。

生：下雨，我们，可以。

师：她哪一个字还能再改进一下？

生：就是我们的"们"，她读得不是很轻。

师：你的耳朵非常灵，你把这三个词再读一遍。

生：下雨，我们，可以。

师：你马上就改对了，可以得到奖励。奖励不是糖，老师奖励你再回答一个问题。下雨了，我们可以干什么？

生：可以打雨伞。

师：把这句话连起来，三个词语连成一句话，下雨了——

生：下雨了，我们可以打雨伞。

师：非常棒！这样，雨点就不会淋到我们身上了。谁还能来这样说说，下雨了，我们还可以干什么？

生：下雨，我们，可以。

师：把这三个词语连成一句话，下雨了，我们可以干什么？想一想再说。

生：下雨了，我们可以玩水。

师：非常棒！一开始，她没明白老师的意思，但老师一解释，她马上就会了。看来只要认真听，就能变得更聪明。还可以干什么？

生：下雨了，我们可以跳水坑。

师：然后身上全都是水，妈妈回去洗衣服可困难了。最后再请一个小男孩说说下雨了可以干什么。

生：下雨了，我们可以穿雨披。

师：是的，下雨了，我们可以打雨伞，玩水，跳水坑，穿雨披。看来小朋友们一点儿都不怕雨。我们可以不被雨淋到，又玩得很痛快。我们一起来看看这个"雨"字。

（课件呈现甲骨文中的"雨"和与雨有关的图片）

师：看准了，下面这个字是古时候的"雨"字。你们数一数，古时候的"雨"字里面有几个小雨点？用你的手指告诉我。（生伸出三根手指）正确，那你们看看现在的"雨"字里有几个小雨点，用手指告诉我。（生伸出四根手指）变化得真快！这四个小雨点是怎么放的？左边——

生：（齐）两个。

师：右边——

生：（齐）两个。

师：那这个字一共有几笔呢？注意，要抢答。第一笔是什么？

生：横。

师：反应不快，挑战失败。再来一遍，第一笔——

生：横。

师：男生速度特别快。第二笔——

生：竖。

师：又是男生快。第三笔——

生：横折钩。

师：女生赶上来了。第四笔——

生：竖。

师：越来越快了。第五笔——

生：（齐）点。

师：第六笔——

生：（齐）点

师：第七笔——

生：（齐）点。

师：第八笔——

生：（齐）点。

师："雨"字的最后四笔都是——

生：（齐）点。

（师根据提问情况，依次在课件中呈现"雨"的笔画）

师：现在老师把"雨"字放进田字格里。为了让大家弄清楚该怎样写，老师加了两条辅助线。（课件呈现）需要注意，"雨"字第一笔的横要写得怎么样？

生：不能太长。

师：对。那哪一笔可以写长一点儿呢？

生：下面的横折钩。

师：你说对了，所以我要奖励你把"长"字再跟着老师读一遍——长（翘舌音）。

生：（发音标准）长。

师：现在，老师给"雨"字加了两个小方框，你发现左边的小方框——

生：左边小方框里的两个点有一点点小，右边小方框里的两个点比较大。

师：我要表扬你用了两个非常棒的词组，第一个是"有一点点"，第二个是"比较大"，她的表达真准确！这个观点你们同意吗？

生：同意。

师：接下来，我们看一个很有趣的词，这个词叫——

（课件呈现：雨点儿、淅沥沥、沙啦啦）

生：雨点儿。

师：这个词很难读，只有朗诵专家才能把儿化音读准确,哪个朗诵专家来挑战一下?请你来读。

生:雨点儿。

师:真有感觉!你也来读。

生:雨点儿。

师:小朋友们一起读。

生:(齐)雨点儿。

师:小朋友们读得这么好,真是太棒了!这个词里有两个生字,这两个生字里有八个点。你们数数看,"雨"的里面有四个点,还有哪个字里面也有四个点?一起告诉我。

生:(齐)"点"字。

师:不过那四个点都在"点"的——

生:(齐)下面。

师:太棒了!我们写"雨点儿"时要注意,"雨"字和"点"字里面的点加起来一共是八个。现在,雨点儿要唱歌表扬你们了,因为你们太聪明了!谁来唱一唱?请你来唱。

生:淅沥沥。

师:真好听!谁再把这三个字连起来读,读出唱歌的感觉?

生:(声音较小)淅沥沥。

师:声音细细的,柔柔的,这是小雨在唱歌。下面,谁来模仿大雨唱歌?请你来唱。

生:(声音较大)淅沥沥。

师:这还是小雨在唱歌。请你再来。

生:(声音较小)淅沥沥。

师:用课件上的最后一个词语来模仿大雨唱歌。

生:(声音响亮)沙啦啦。

师:非常好,谁再来学大雨唱歌?

生：（声音响亮）沙啦啦。

师：声音真响亮！谁能把小雨唱歌和大雨唱歌连在一起读一读？

生：淅沥沥，沙啦啦。

师：两个雨是一样的。你来读。

生：淅沥沥，沙啦啦。

师：有一点点感觉了，但是声音的高低变化还不够明显。你来。

生：（声音由低到高）淅沥沥，沙啦啦。

师：你们看，声音一低一高，雨由小变大。我们一起学着她读。（范读）雨点儿淅沥沥（小声），沙啦啦（大声）。

生：（模仿跟读）雨点儿淅沥沥，沙啦啦。

师：现在把词放到课文中，（课件呈现：下雨了，雨点儿淅沥沥，沙啦啦。青蛙说："我要写诗啦！"）女生一起来读。

生：（女生齐读）"下雨了，雨点儿淅沥沥，沙啦啦。青蛙说：'我要写诗啦！'"

师：刚才女生的朗读我只能给三颗星（满分是五颗星），因为节奏有点儿拖，而且雨点儿唱的歌没有变化。男生读的时候把女生刚才犯错的地方改过来就可以了，男生一起来读。

生：（男生齐读）"下雨了，雨点儿淅沥沥，沙啦啦。青蛙说：'我要写诗啦！'"

师：我给男生三颗半星，因为节奏稍微快了点儿。现在全班一起来读，和老师比赛。你们先听我读，跟着我学，把老师的本领都学到。（范读）"下雨了，雨点儿淅沥沥，沙啦啦。青蛙说：'我要写诗啦！'"学会了吗？

生：学会了。

师：注意，齐读的时候不要喊。你们读，我来评，看你们能得几颗星。

生："下雨了，雨点儿淅沥沥，沙啦啦。青蛙说：'我要写诗啦！'"

师：看看我给你们打了几颗星。（手握拳头，并依次伸出五根手指头）

生：1，2，3，4，5。

师：几颗星？

生：五颗星！

师：你看，只要肯学，只要肯练，就能取得进步。

这个板块的识字教学有三个特点。

第一，词串集中识字，融入口语交际。第一个词串是"下雨了""我们""可以"，其中"下""雨""们"都是目标生字。许嫣娜老师在引导学生识字的基础上，融入口语交际的说话练习，组织学生们讨论"下雨了，我们可以干什么？"有的学生说"下雨了，我们可以打雨伞"；有的学生说"下雨了，我们可以跳水坑"；有的学生说"下雨了，我们可以穿雨披"……这就把词串识字和口语交际结合在了一起，既巩固了汉字，又促进了学生口语交际能力的发展。

第二，借助辅助工具，帮助学生观察字形。在这个板块中，许嫣娜老师安排了写字教学环节，教授"雨"字的写法。许嫣娜老师成功地使用了辅助工具，第一次使用的是辅助线，第二次使用的是辅助框，无论是辅助线还是辅助框，都强化了学生对字形的观察。写字的前提不是书写，而是观察。观察得越仔细、越到位，学生的书写就会越准确、越美观。

第三，词串集中识字，突破朗读难点。第二个词串是"雨点儿""淅沥沥""沙啦啦"。"淅沥沥""沙啦啦"都是形容雨声的拟声词，"淅沥沥"表示雨下得比较小，"沙啦啦"表示雨下得比较大。许嫣娜老师通过解说、示范，引导学生在一次又一次的朗读比赛中，突破了朗读难点。

3. 提取信息，随文识字

师：我要考考大家，青蛙写诗，谁来帮忙了？

生：雨点儿。

师：雨点儿好像没来帮忙，再请一位同学说。

生：蝌蚪。

师：除了蝌蚪还有——

生：还有水里面的泡泡。

师：水里面的泡泡，课文中把它称为水泡泡，还有吗？

生：一串水珠。

师：你的表达特别准确！小朋友们，青蛙写诗，小蝌蚪来帮忙了，水泡泡来帮忙了，一串水珠也来帮忙了。（相机张贴板书：小蝌蚪、水泡泡、一串水珠）请把青蛙的这三个朋友连起来说。青蛙写诗，谁来帮忙了？

生：小蝌蚪、水泡泡、一串水珠来帮忙了。

师：非常好！我觉得在水泡泡和一串水珠中间加上一个"和"字，这句话就更准确、更规范了。谁再来说？

生：小蝌蚪、水泡泡和一串水珠来帮忙了。

师：说得多好啊！请同学们自己再把这句话说一遍，说完以后向我点点头。

（生自由说）

师：小朋友们太棒了！你们从找出一个朋友到找出三个

朋友，从不会把三个朋友连起来说到最后能准确、规范地把三个朋友串起来说，老师决定要奖励你们。（课件呈现"糖葫芦"的图片）看，这是什么？

生：糖葫芦。

师：吃过吗？

（生自由回答）

师：糖葫芦可好吃了！图片是我们现在的糖葫芦，上面有几个？

生：四个。

师：古时候的糖葫芦有点儿小气，看看上面有几个？（出示金文"串"字）

生：两个。

师：这演变成了我们现在的糖葫芦串的"串"字，"串"字里面有几个口？

生：两个。

师：上面一个口小，下面一个口大。我们平时经常说要礼尚往来，你们表现好，老师要送给你们一串糖葫芦。老师上课也有点儿辛苦，你们送给我一串什么呢？

生：一串烧烤。

师：把老师吃得胖胖的。请你说。

生：一串葡萄。

师：多好啊！你知道老师口渴了，送我水灵灵的葡萄。你要送我什么？

生：一串羊肉串。

师：香香的羊肉串。你来说。

生：一串水果糖葫芦。

师：一串用水果制成的糖葫芦，对不对？现在草莓也能制成糖葫芦,看来你真吃过糖葫芦。那谁能送给我一串可以让我变得更漂亮的东西?

生:一串珍珠。

师:对的!挂在脖子上,我就能变成白雪公主了。谢谢你,真聪明!老师给你们送了礼物,你们也给老师送了礼物,真好!现在,我们继续往下学课文,看看小蝌蚪是怎么帮青蛙写诗的。你来说。

生:小蝌蚪给青蛙当小逗号。

师:你是从哪里找到的?你真聪明,课文哪一个小节告诉我们的呀?

生:第三小节。

师:你再找找看,是第几小节呀?

生:第二小节。

师:仔细找就能找对,就是在第二小节。谁来试着读一下?你来读。

生:小蝌蚪游过来说:"我给你当个小逗号。"

师:小蝌蚪特别想帮青蛙,你把那个表示它特别想帮青蛙的字给丢了。哪个字表示小蝌蚪特别想帮青蛙?

生:(齐)要!

师:对的,"要"字。你再来读一读。

生:小蝌蚪游过来说:"我要给你当个小逗号。"

师:你还读出了停顿呢。这一小节谁再来读?

生:小蝌蚪游过来说:"我要给你当个小逗号。"

师:(课件呈现)图片上的蝌蚪你们看到了吗?图片上的逗号你们看到了吗?为什么小蝌蚪想当小逗号呀?

生:因为如果把尾巴去掉,它剩下的部分就像一个小球,像个小豆豆。

师：是因为把尾巴去掉后，剩下的那个球像小豆豆吗？它想变成逗号，尾巴可不能少。

生：我觉得它的头很像。

师：它的头很像什么？

生：很像逗号的头。

师：你们来看看，小蝌蚪的头圆圆的，很像逗号的头。小蝌蚪的尾巴和逗号的哪里特别像？

生：逗号的尾巴有点儿斜，小蝌蚪的尾巴也是斜的。

师：也就是说，逗号的尾巴很像小蝌蚪的——

生：（齐）尾巴。

师：老师把它写在黑板上，（在小蝌蚪旁板书"，"）对比一下你们就明白了。小蝌蚪不是随便帮忙的，它找到了最像自己的逗号。接下来再来读，水泡泡是怎么帮忙的？

生：水泡泡帮青蛙当小句号。

师：你在哪一个小节找到的？

生：第三小节。

师：读给大家听。

生：池塘里的水泡泡说："我能当个小句号。"

师：它为什么觉得自己能当小句号？

生：因为它是圆的。

师：你越来越聪明了！它圆圆的，正好可以当一个小句号。老师把小句号也写在前面。（板书"。"）荷叶上的一串水珠可着急了，它划着荷叶船来了。（课件呈现"荷叶"的图片）数一数，荷叶上有几颗水珠？

（生自由数数）

师：哪个标点符号正好也有六个小点？

生：省略号。

师：对呀，省略号正好有六个小点，它跟荷叶上的一串水珠有点儿像呢。（板书"……"）水珠集合在一起后力量可大了，谁来给我们读？它是怎么帮忙的？你来试试看。

生：荷叶上的一串水珠说："我可以当省略号。"

师：她丢了一个字——们。请问这个字可不可以丢？

生：不可以。

师：为什么不可以丢？前面小蝌蚪、水泡泡都是说"我"，水珠也说"我"有什么不对呢？

生：因为它们是好几个。

师：所以这里不能用"我"了，只能用——

生：我们。

师：你再来读，荷叶上的一串水珠说——

生：荷叶上的一串水珠说："我们可以当省略号。"

师：是呀！加上了这个"们"字，就表示人变多了，力量变大了。（课件呈现：我们 你们 他们）瞧，老师站在这儿是一个人，你们是一群学生，我们都在台上面，在台下面的他们是——

生：观众。

师：他们都是来听课的老师。把这三个词语连起来读，"我们""你们""他们"，预备，起。

生：（齐读）我们，你们，他们。

师：小朋友们仔细读了课文的第二、三、四小节，已经知道了这三个朋友是怎么帮助青蛙写诗的。我们一起来读一读。第一句——

（课件呈现：我要给你当个小逗号，我能当个小句号，我们可以当省略号）

生：我要给你当个小逗号。

师：第二句——

生：我能当个小句号。

师：最后一句——

生：我们可以当省略号。

师：仔细看，这三句话当中藏着一个神奇且会变魔术的字，只要加上这个字，你就能变身，是哪个字啊？

生：们。

师：不对，前面那两句话没有"们"，它们也能变身。

生：我。

师：三句话都有一个"我"，但"我"也不能变身。你来说。

生：我觉得是"号"。

师："号"也不对。哪个字能变身？

生：小。

师：也不对。看来小朋友们都不会变魔术，我最后再请一位同学回答，如果答错了，我就来宣布正确答案。

生：当。

师：你们看我这个动作，我摸了他的头，这个动作表示什么？

生：表示他答对了。

师：对了，他成了魔术师了！非常棒！用了这个"当"字，（板书：当）我们就能够完成神奇的变身，在课堂的最后我们一起来变身。青蛙写诗，小蝌蚪——

生：（齐）当逗号。

师：水泡泡当——

生：（齐）句号。

师：一串水珠当——

生：（齐）省略号。

在这个板块中，许嫣娜老师采用的识字教学方法跟前两个板块又有很大不同。这个板块的教学具有以下三个特点。

第一，提取关键信息，分散识字任务。这篇课文的关键信息是在青蛙写诗的过程中，都有哪些人来帮忙。在引导学生找出小蝌蚪、水泡泡和一串水珠的过程中，许嫣娜老师随文展开识字教学。比如"一串"的"串"，"我们"的"们"，"当逗号"的"当"，都是学生在随文阅读的过程中认识的，这和前一个板块的归类集中识字不一样。

第二，借助字源图片，采用分类识记的方法。虽然许嫣娜老师采取的策略是分散识字，随文识字，但在学生随文识字的过程中，她仍采用了分类识记的方法。比如"一串水珠"的"串"，许嫣娜老师先用图片导入，然后出示了金文"串"的字形，最后回到课文语境，带领学生认识"串"字。这个"串"字的教学非常巧妙，许嫣娜老师借助现场的语境"一串水珠"和图片"几串糖葫芦"，以及学生的生活积累，包括"一串烧烤""一串葡萄""一串珍珠"等，来强化学生的识记效果。

第三，依据句式结构，集中理解字义。当小逗号也好，当小句号也好，当省略号也好，这个"当"字相当于一个文脉，把这篇课文的主要内容全部都串起来了。许嫣娜老师引导学生寻找这个关键的"当"字，语言表达非常巧妙，也极富童趣。最后，许嫣娜老师把这三个相同的句式"小蝌蚪可以当小逗号""水泡泡可以当小句号""一串水珠可以当省略号"同时呈现出来，让学生集中理解"当"字的字义。

我们分三个板块观摩赏析了许嫣娜老师执教的《青蛙写诗》的第一课时。我认为从识字教学的角度来看，许嫣娜老师的这堂课主要体现了以下几个特点。

第一，从识字教学的类型来看，融集中识字、分散识字于一体。在前两个板块中，许嫣娜老师主要采用了集中识字的方法，无论是归类识字还是词串识字，都属于集中识字。在最后一个板块中，许嫣娜老师主要采用了分散识字的方法，在分散识字的过程中，融入了集中识字的思想和理念。总体来看，这节课把集中识字和分散识字融为一体，提高了学生的识字效率，培养了学生独立识字的能力。

第二，从识字原理来看，将字形作为重点，音、形、义相统一。识字教学的重点是字形，但又不是唯字形，而是以字形为突破口，把汉字的音、形、义统一起来。许嫣娜老师的这堂课完全符合汉字的教学原理。

第三，从识字教学规律来看，将识字融入特定的主题语境中。这堂课的识字教学的每一个环节都能形成一个具体语境，并且都做到了"字不离词、词不离句、句不离段、段不离篇"。无论是诗歌语境、口语交际语境，还是儿童诗特定的语境，都自然而然地融入了识字这一教学任务。实践证明，生字只有在相应的语境中才能被很好地识记和理解。

第四，从识字的功能来看，识字、朗读、口语交际相统一。许嫣娜老师的课把识字、朗读、口语交际，以及课文内容的梳理和理解全部都统一在了一起。可以说，许嫣娜老师实现了识字教学的集约化、最优化。

（欧阳熹、陆奕如根据讲座视频整理，有改动）

第七讲

如何以任务单为支架夯实基础性朗读
—— 以窦桂梅《葡萄沟》课堂教学为例

第七讲的主题是"如何以任务单为支架夯实基础性朗读",我们以窦桂梅老师执教的《葡萄沟》课堂教学为例。

一、任务单和基础性朗读

看到这一讲的主题,您一定会关注到两个关键词:任务单,基础性朗读。第一个关键词是"任务单"。什么是任务单?任务单对我们的语文课堂教学将发挥怎样的作用?对我们语文课堂教学的改革和转型有着怎样的意义?

说到"任务单",就得说说维果茨基提出的"任务型教学"。根据我的研究,任务单的教育心理学依据,就来自维果茨基首创的"任务型教学"理论。他主张以"任务"的形式将课堂教学与社会真实活动、语言学习和交流融合在一起,使学习者能够在比较真实的社会交往情境中完成交流的特定目标,从而促进学习者语言使用能力的提高。您一定已经发现,任务最终指向的是学习者语言能力的提升,这跟我们语文课程的宗旨和性质是完全一致的。"任务"不过是一个形式,但它增强了我们课堂教学的真实性,有利于激发学生的学习驱动力。

当然,我们在语文课堂教学中所讲的任务单,还有一个相对特定的具体内涵。所谓任务单,指的是我们语文老师秉持"学为中心"的理念，依据课程标准、教科书和学情，从学生学习的角度出发，设计并提供给学生进行自主、合作学习的支架性材料。这些材料包括图表、资料、文本、图片等，它们通常不是单一的，而是综合的。

第二个关键词是"基础性朗读"。什么是基础性朗读？我们为什么要关注基础性朗读？

通常，我们将小学语文第一学段的朗读称为基础性朗读，这里涉及两个层面的"基础"。

第一个层面，相对于整个小学阶段的朗读而言，第一学段的朗读无疑具有奠基的意义。可以说，学生在第一学段的朗读能力和习惯会直接影响其整个小学阶段的朗读素养。

第二个层面，在第一学段中，朗读是阅读教学的基础。教过第一学段的老师会发现，统编小学语文教材第一学段的课后思考与练习的第一个任务，几乎都是"朗读课文"。我做过统计，"朗读课文"的任务覆盖面达到99%。可以说，第一学段的阅读教学，主要就是朗读教学。

要特别强调的是，我们讲的"基础性朗读"不只是局限于朗读本身。事实上，"基础性朗读"融识字写字、阅读理解、口语交际、朗读实践于一体，是以朗读为主线、为主要载体的综合性阅读实践活动。在这里，朗读既是手段，也是目的。学生通过朗读，学习识字写字，学习阅读理解，学习口语交际，当然，也通过朗读学习朗读，这是手段与目的的统一。

二、课例观摩

我们这一讲要观摩的课例，是窦桂梅老师执教的统编小学语文教科书二年级上册的第11课——《葡萄沟》。以下是《葡萄沟》的课文内容。

> 新疆吐鲁番有个地方叫葡萄沟，那里出产水果。五月有桑葚，六月有杏子、无花果，到了七月份，人们最喜爱的葡萄成熟了。
>
> 葡萄种在山坡的梯田上。茂密的枝叶向四面展开，就像搭起了一个个绿色的凉棚。葡萄一大串一大串地挂在绿叶底下，有红的、白的、紫的、淡绿的，五光十色，美丽极了。要是这时候你到葡萄沟去，热情好客的维吾尔族老乡，准会摘下最甜的葡萄，让你吃个够。
>
> 收下来的葡萄有的运到城市去，有的运到晾房里制成葡萄干。晾房修在山坡上，四壁留着许多小孔，里面钉着许多木架子。成串的葡萄挂在架子上，利用流动的热空气，让水分蒸发掉，就成了葡萄干。这里生产的葡萄干颜色鲜，味道甜，非常有名。
>
> 葡萄沟真是个好地方。

窦桂梅老师执教的《葡萄沟》是个大课，她用两个课时上完了整篇课文。窦桂梅老师有一个非常鲜明的课程理念——让学生站立课堂正中央。她是这样说的，也是这样做的。

可以说，她的《葡萄沟》真真切切、淋漓尽致地体现了她的这一课程理念。她的课，上出了《葡萄沟》的物产美，也上出了《葡萄沟》的景色美。而且她不仅关注了《葡萄沟》的物产和景色，更关注了物产和景色背后的维吾尔族老乡。她的课，更上出了《葡萄沟》的人物美。

我们不可能面面俱到，不可能把窦桂梅老师这堂课所有的精华、精彩、精神都一一呈现出来。我们观课必须把握整体性、集中性、迁移性原则。事实上，窦桂梅老师的这堂课带给我们最有价值的启示（我们可以拿来的教学理念和教学策略），就是她充分运用任务单这一教学支架，让学生主动学习、合作学习、探究学习，让学生真正站立课堂正中央，进而有效达成《葡萄沟》的各项学习目标。正是借助贯穿始终的"任务单"支架，这堂大课实现了学生学习方式的美丽转身。

1. 借助任务单，搭建学习框架

那么，窦桂梅老师是怎么运用任务单这个支架的呢？

窦桂梅老师的第一个做法是借助任务单，搭建学习框架。通常来说，一堂课的学习框架只有上课老师自己知道。但当我们的课堂教学转向以学为中心的时候，一堂课的学习框架，不仅老师要知道，学生也应该知道。学生应该拥有学习框架的知情权，应该知晓这篇课文怎么学，分几步学，每一步学什么。窦桂梅老师通过任务单，让学生拥有了学习框架的知情权。

由于整个学习框架是在这堂大课的结束阶段才得以完整呈现的，学生也是最后才完整地了解和掌握自己的全部学习过程和方法，所以我们观课不是按照窦桂梅老师这堂课的自然顺序。我们将采用倒叙的方式，先从她这堂课的结束阶段开始，完整地了解《葡萄沟》的学习策略、学习步骤、学习框架。下面，让我们一起走进窦桂梅老师执教的《葡萄沟》的结束环节。

师：亲爱的同学们，谢谢你们！

（课件呈现）

阅读识字流程单
预学：我知道了什么
共学：我感受到了什么

> 延学：我想到了什么

（生观看课件）

师：瞧，通过这堂课的学习，我们都想到了些什么呢？收获了些什么呢？

生：我想到了葡萄。

师：想吃葡萄干了，是吗？

生：我想到了水果。

师：葡萄沟还有那么多那么多的水果呢。

生：我想到了蜜桃。

师：知道葡萄沟出产那么多的水果，也想尝尝其他的品种。

生：葡萄沟真是个好地方。

师：那就让我们一起，继续完成思妤同学的"课本游"吧。

（课件呈现）

祖国美景	我来点赞
鹳雀楼	_____
庐山瀑布	_____
黄山	_____
日月潭	_____
葡萄沟	_____

师：学完《葡萄沟》，她要继续点赞。她会怎样点赞葡萄沟呢？

（课件呈现）

> **我的葡萄沟，我的家乡**
>
> 　　我最喜欢葡萄沟。这里的葡萄种在山坡的_____，葡萄一大串一大串地挂在绿叶底下，有_____、_____、紫的、淡绿的，_____，美丽极了。葡萄干_____，非常有名。维吾尔族老乡不仅_____，还_____。
> 　　_____真是个好地方。

生：（看着课件上的内容口头填空）我最喜欢葡萄沟。这里的葡萄种在山坡的梯田上，葡萄一大串一大串地挂在绿叶底下，有红的、白的、紫的、淡绿的，五光十色，美丽极了。葡萄干色鲜味甜，非常有名。维吾尔族老乡不仅热情，还好客。葡萄沟真是个好地方。

师：不错，他说维吾尔族老乡不仅热情还好客。我要是你的话，可能会说——

生：维吾尔族老乡不仅热情好客，还勤劳智慧。

师：反正，一句话，葡萄沟——

生：（齐）真是个好地方。

师：谢谢亲爱的同学们！在这个单元里，你们的收获如此之大！为自己鼓掌！（掌声）

这是《葡萄沟》的结课部分。此时我们就知道，窦桂梅老师执教的《葡萄沟》事实上分成了三个大环节。我们从她的"阅读识字流程单"（任务单）当中，就能够看得清清楚楚。第一个环节，预学，让学生说说都知道了什么；第二个环节，共学，其实也是她这堂课的主体部分、重点部分、精华部分，之后我们还要展开说；第三个环节，延学，也就是我们上面看到的这个环节。这个环节，既是对课文内容理解的一种深化，也是对学生学习经验的一种提升，还是对文本精美语言的一种积淀。可以说，窦桂梅老师本次教学取得的效果是多方面的、综合性的。在这里，任务单发挥了非常重要的作用。窦桂梅老师借助任务单，一步一步搭建起了这堂课总体的学习框架。

2. 借助任务单，选择学习内容

窦桂梅老师的第二个做法是借助任务单，选择学习内容。

我们知道，就语文教学而言，学什么，也就是学习内容的确立往往是第一位的。而学习内容以前是由老师决定的，老师让学生学什么学生就学什么。但是现在，我们强调让学生站立课堂的正中央，学习内容的选择权就应该交给学生。如何借助任务单来交权呢？我们继续观课。

（课件呈现）

阅读识字流程单

预学：我知道了什么

共学：我感受到了什么

师：亲爱的同学们，让我们一起端起书，看看我们究竟能从中感受到什么。请看课文的第二自然段和第三自然段——

（课件呈现）

小组共学

1. 我最喜欢葡萄沟的_____。
2. 合作完成相关的任务。

师：请小组合作学习。各个小组一起商量一下，自选一段，选择的时候可要注意看，要根据段落内容去完成相关的任务——

（课件呈现）

葡萄组任务卡

1. 葡萄种在哪？枝叶怎么样？葡萄怎么样？维吾尔族老乡怎么样？
2. （   ）（   ）（   ）（   ）
3. 用朗读的方式告诉我们喜爱葡萄的理由是_____

师：选择第二自然段的同学，这里有个任务单。不会写的字可以用拼音代替，甚至也可以不写，小组讨论，看看怎么通过朗读的方式告诉我们你的理解和感受。

（课件呈现）

葡萄干组任务卡

1. 填空：修（   ）——挂（   ）——蒸发（   ）
2. 排序："葡萄成熟的图片""葡萄挂在架子上的图片""晾房的图片"。
3. 比较葡萄干不同制作方法的优劣。
4. 用自己的话告诉我们喜爱葡萄干的理由是_____

师：选择第三自然段的同学，这回你们不仅要读，还要动动手，摆一摆，最后用自己的话告诉我们葡萄干到底是怎么做出来的。

亲爱的同学们，在任务单的后边，还有两份小秘籍。一个是小贴士，里面有帮助你理解词语的好方法。还有一个是情报站，里面藏着与课文相关的科学知识。

（生观看课件）

师：亲爱的同学们，小组任务选好了吗？组长选了哪个任务？任务单就摆在这儿，组长以最快的速度到前边来，选择权就交给你们了。

（组长上台领取任务单）

师：各组已经选好了任务单，接下来请同学们好好地读一读。不过，我们在合作学习时要讲效率。窦老师这儿有两个小钟表，计时开始了。

（小组合作学习，完成任务单）

在这个环节中，窦桂梅老师说了一句非常关键的话——"选择权就交给你们了"。我们设想一下，假如离开了这个任务单，学生们的选择也就失去了支架。交权不是放任自流，不是说你交出选择权就万事大吉了。孩子们行使选择权，也是一个需要学习、需要指导、需要帮助的过程。在这个过程中，任务单的设计与运用发挥了非常重要的支架作用。这个任务单，无论是设计还是可操作性，都反映了窦桂梅老师的用心。首先，任务单提供了明确的学习任务。"葡萄"组的学习任务是理解课文的第二自然段，"葡萄干"组的学习任务是理解课文的第三自然段。其次，任务单为学生指明了具体的学习步骤和方法。比如，"葡萄干"组的学习方法主要是通过填空和排序，搞清楚制作葡萄干的三个基本步骤，这是第三自然段的重点和难点。再次，任务单规定了学生汇报学习成果的形式。比如，"葡萄"组最后要通过朗读的方式来说明喜爱葡萄的各种理由。最后，任务单还有针对性地为学生提供了相关策略和资料。这些策略和资料，一方面可以降低学生合作学习的认知难度，为小组共学搭建起一个个台阶；另一方面也可以提高学生的学习效率，让学生将有限的时间真正用在刀刃上，集中精力去完成任务单设定的最主要、最关键的任务。

总之，如果没有任务单这一支架，学生真的是很难完成学习任务。那么，窦桂梅老师的《葡萄沟》对于任务单这个支架的使用，还有没有更精彩、更有迁移性的教学呈现呢？

3. 借助任务单，渗透学习方法

窦桂梅老师的第三个做法是借助任务单，渗透学习方法。我们知道，要让学生真正站立课堂的正中央，保障学生的学习主体地位，除了要唤醒他们的自主学习意识之外，很重要的一个支撑条件，就是教他们学会怎么学。以学为中心不是一句口号，更不是一句空话。要让以学为中心落地，切实成为课堂生态，我们就必须给予学生实实在在的帮助和引领。在这里，很重要的一个方面就是学法的渗透、落实和迁移。我要学，解决了学生站立课堂正中央的动力问题；我会学，解决了学生站立课堂正中央的路径问题。两者就像鸟儿的一对翅膀，缺一不可。我们一起来看看，窦桂梅老师是如何借助任务单自然巧妙又扎实有效地渗透学习方法的。

师：亲爱的同学们，哪个小组愿意来汇报？来，"葡萄干"组先来。（投影该小组完成的"葡萄干组任务卡"）让我们一起好好看看！我不动，你们自己摆正。组长，来。

生：（组长指着任务单中可以移动的图片，边说边摆）请同学们注意听，葡萄干的制作流程是先修晾房，再挂葡萄，最后再蒸发水分。同学们，我们说得对不对？（掌声）

师：谢谢他们。谁来比较葡萄干不同制作方法的优劣？

生：（小组的另一个成员）将葡萄放在地上暴晒，会招来蚊子和苍蝇，不太卫生。将葡萄放在晾房里，虽然工序很难，很麻烦，但是做出的葡萄干很好吃。（掌声）

师：谢谢！亲爱的同学们，你们动动手，就理解了；说一说，就知道了制作流程。这位同学还能用对比的方法来讲，热烈的掌声送给这个小组。好，请下一位同学来说。

生1：（小组的又一个成员，看着课件上的图片）请同学们看，这就是晾房。晾房修在山坡上，四壁留着许多小孔，里面钉着许多木架子。里面挂的葡萄风干以后就是这个样子的，你们想吃吗？

（其他学生齐答"想"）

生1：（指着图片上的葡萄干）颜色如何？

（其他学生不由自主地发出惊叹声）

生1：这里生产的葡萄干颜色鲜，味道甜，非常有名。

师：怎么个有名法？

生1：颜色鲜，味道甜。

师：六个字，能不能变成四个字？用四个字把葡萄沟的葡萄干说得跟别的地方的葡萄干不一样。

生1：非常有名。（笑声）

师：是的，的确非常有名。非常有名的原因是什么？

生1：颜色鲜，味道甜。

师：把颜色鲜、味道甜这六个字变成四个字。

生1：色鲜味甜。

师：确定？

生1：确定。

师：为你的创新，为你的进步，喝彩！（掌声）亲爱的同学们，我这里可有葡萄干哦！这是怎样的色鲜味甜？（走到一生面前）就让你体会一下。

生：（吃老师送的葡萄干）是很好吃，很甜。颜色也很鲜艳，很不错。（笑声）

师：亲爱的同学们，只有亲眼所见，亲口品尝，才能真正体会葡萄沟的葡萄干就是如此——

生：好吃。

师：好吃的具体描述是——

生：色鲜味甜。

这又是一个精彩的教学片段。这里面有一个细节，大家一定注意到了。窦桂梅老师请一个男孩用四个字概括一下葡萄沟的葡萄干为什么有名。结果，那个男孩回答："非常有名。"很显然，孩子没有听懂老师的教学指令，没有理解老师的教学要求。这个时候，窦桂梅老师运用她的教学机智和耐心，引导这个孩子再次聚焦关键语句，引导他自己发现问题，自己更正问题。最后，男孩非常准确、非常肯定地概括出"色鲜味甜"四个字。什么叫把每个孩子装在心里？这就是教科书级别的回答。

当然，我们的重点是窦桂梅老师如何借助任务单，渗透学习方法。我们这里选取的是课文第三自然段有关"葡萄干"的教学片段。为什么选取这个教学片段？因为窦桂梅老师在这个片段中渗透了两种学习方法。第一，借助任务单，渗透"排序"的学习方法。设计任务单，不只要解决"完成什么任务"的问题，同时还要解决"如何完成任务"的问题。事实上，窦桂梅老师提供的这个任务单，不仅明确了"学习制作葡萄干"的任务，也同时渗透了"如何学习制作葡萄干"这一任务的基本方法——排序。我们知道，这一段的内容比较多，清晰地提炼和概括葡萄干的制作流程有相当大的难度。如何解决这个问题呢？窦桂梅老师的方法，就是用图片和文字相结合的方式，将制作流程的几个主要环节呈现给学生，但提供给学生的图片顺序是乱的。学生需要先理解课文内容，再将这些图片重新排序。学生借助任务单，完成了制作流程的排序，也就意味着他们理解了这一段的主要内容。同时，他们还掌握了通过"排序"来理解课文内容这一方法。

第二，借助任务单，渗透"比较"的学习方法。"排序"法解决了葡萄干的制作流程问题，但并没有解决葡萄沟的葡萄干为何如此"色鲜味甜"的问题。要解决这个问题，难度更大。因为，这个问题需要"还原比较"才能回答。

葡萄沟出产的葡萄干如此有名，一个很重要的原因就是葡萄沟的葡萄是在晾房中自然风干的。但是，这个特点或者说这个优势，如果不跟其他地方的葡萄干制作方法进行比较，是很难被学生认识到的。明白了这一点，我们也就明白了窦桂梅老师为何要在任务单的设计中插入一个"比较学习"的新任务。

通过比较，学生很容易发现在晾房中制作葡萄干的优势。普通制作法，一是不够卫生，制作和堆放过程中会有灰尘、苍蝇等；二是效率不高，葡萄被堆在地上晒，热空气流动不够充分，影响风干的进度和效果。相反，晾房制作法的优势就非常明显，既干净又高效。

让学生在比较中学习，一方面可以帮助学生更深入地把握课文内容，更真切地体认到葡萄沟的物产之美；另一方面，可以让学生自然习得"比较"这一学习方法。我们知道，学法的渗透不是靠概念的灌输，而是要靠学习过程中的亲力亲为。任务单为学生亲历学习过程提供了非常有效的支架。

4. 借助任务单，深化学习成果

那么，教学是不是到了渗透学习方法就结束了呢？答案是否定的，任务单的使用，最难的环节，也是最关键的环节，不是设计，不是搭架子，也不是渗透学习方法，而是深化学习成果。我们来看窦桂梅老师的第四个做法：借助任务单，深化学习成果。

师：三分钟过去了。有的小组已经完成了，太棒了！亲爱的同学们，现在抬头挺胸，我们一起来试着汇报，先来汇报这个部分。(课件呈现课文第二自然段)哪个小组愿意到前面来?我要选个离得最近的小组到前边来。(指示靠近讲台的一个小组)带着你们的书和任务单,走到前面来。同学们,掌声送给他们。(掌声)你们组谁来汇报?

(生鼓掌)

(实物投影该小组完成的"葡萄组任务卡")

生:(看着实物)请同学们注意听。葡萄种在山坡的梯田上,枝叶是茂密的,葡萄五光十色,老乡热情好客。

师:"茂密"的"密"不会写,她还用拼音代替呢。亲爱的同学们,其他小组和他们一样吗?不一样也不要紧,我们再请这一组好好地来分享分享。回到句子中去读一读,你们组谁来读读第一句?

借助任务单,深化学习成果,从这里就开始了。小组合作学习以后的成果展示,只是深化的起点。老师要迅速把握学生共学后的状态,包括语文信息的提取能力、语文知识的掌握水平等。然后,以学生的状态为基础,引导学生继续深化。这是一个动态生成的过程,是任务单的使用最终能否取得最佳成效的关键环节。我们继续观摩。

生:我就读第一句。(朗读)"葡萄种在山坡的梯田上。"

师:你要告诉我们,葡萄是种在什么样的梯田上。请你看图说一说。

生:梯田像台阶一样。

师:回到课文里,读给我们听,要让我们一听你的朗读,就知道人家葡萄沟的葡萄种在哪儿。

生:(朗读)"葡萄种在山坡的梯田上。"(重读"梯田")

师:好多了,亲爱的同学们,我听出来葡萄种在哪儿了。你再领我们读读。

生：（朗读）"葡萄种在山坡的梯田上。"（重读"梯田"）

（生齐读）

师：怪不得这个地方的葡萄不一样呢。

生：我来读第二句。（朗读）"茂密的枝叶向四面展开，就像搭起了一个个绿色的凉棚。"

师：我们听到了"茂密"。你们小组过来，我这儿有这么多枝叶，（展示已经在黑板上画好的树枝）怎么个"茂密"法呢？亲爱的同学们，我们一起来看——

（小组同学在黑板上通过张贴一张张葡萄叶子的方式来表现"茂密"）

师：我来找一位同学说说，什么才是"茂密"。

生：一片叶子不叫茂密，两片叶子也不叫茂密，很多很多片叶子才叫茂密。

师：掌声送给他！（掌声）回到书上来，再读给我们听听。

生：（朗读）"茂密"。

师：不够，我才听到三片叶子。

生：（朗读）"茂密"。

师：我才听到五片叶子。亲爱的同学们，这么多叶子，一片挨着另一片，长得这么茂密。全班同学帮她——

生：（齐读）"茂密"。

师：光声音大没用，我可没感受到有那么多叶子。这位同学，你来试试。

生：（朗读）"茂密的枝叶"。

师：有点儿意思了，十片了。再读读，像你刚才使劲往黑板上贴叶子那样。

生：（朗读）"茂密的枝叶向四面展开"。

师：现在我们明白了，茂密的枝叶是这样的啊！课文还说，就像搭起了——

生：（朗读）"一个个绿色的凉棚"。

师：是这样的凉棚吗？

（课件呈现"只有几片葡萄叶的棚架"的图片）

生：（齐）不是。

师：是这样的凉棚吗？

（课件呈现"有较多片葡萄叶的棚架"的图片）

生：（齐）不是。

师：是这样的凉棚吗？

（课件呈现"有更多片葡萄叶的棚架"的图片）

生：（齐）不是。

师：是这样的凉棚吗？

（课件呈现"葡萄叶密密麻麻的棚架"的图片）

生：（齐）是。

师：茂密的枝叶搭起了——

生：（齐读）"一个个绿色的凉棚"。

师：好，亲爱的同学们，全体起立！

（生纷纷起立）

师：用你们的手搭建一个个凉棚吧。

（小组内的学生将手搭在一起）

师：那就让我们一边表演一边读吧！

生：（朗读）"茂密的枝叶向四面展开，就像搭起了一个个绿色的凉棚。"

师：请坐，凉棚里面多凉快啊！谁下一个汇报？

生：（朗读）"葡萄一大串一大串地挂在绿叶底下，有红

的、白的、紫的、淡绿的，五光十色，美丽极了。"（语气平淡）

师：你这样读，我们听到的只是内容。亲爱的同学们，我们一起来让这个小组的同学看看——

（课件呈现各种颜色的葡萄的图片）

师：即便我不说，我相信你们也能感受到。

生：（朗读）"葡萄一大串一大串地挂在绿叶底下。"（重读"一大串一大串"）

师：掌声送给她！（掌声）亲爱的同学们，我们感受到了"一大串一大串"，有——

生：（朗读）"红的"。

师：我没有感觉到红色，那么热烈的红色啊！一起来，有——

生：（齐读）"红的"。

师：还有——

生：（朗读）"白的"。

师：还有——

生：（朗读）"紫的、淡绿的"。（朗读语调有变化）

（课件呈现更多颜色的葡萄的图片）

师：原来，葡萄的颜色可不仅仅像你说的这样，还有——

生：雪白的。

师：还有——

生：土黄的。

师：甚至还有——

生：草绿的。

师：亲爱的同学们，我们可以用一个成语形容这些颜色，那叫——

生：五光十色。

师：也可以叫——

生：五颜六色。

师：不错，不错！这么多颜色啊！但是，亲爱的同学们，这葡萄，仅仅只是颜色多吗？

生：还有水分。

师：当然有水分了，没水分就成葡萄干了。我明白你的意思，你是说这葡萄——

生：好吃。

师：确实好吃啊！你再看看。（把葡萄的图片给学生看）

生：这个葡萄有光泽。

师：你再说一遍。

生：有光泽。

师：听见了！他说这个葡萄——

生：（齐）有光泽。

师：不仅颜色多，有那么多水分，还有光泽。所以，这就叫——

生：五光十色。

师：亲爱的同学们，这叫——

生：（齐）五光十色。

师：现在，你们小组还想再读读吗？把"五光十色"送回课文，把你们的感受再读给我们听，来吧！

生：（该小组齐读）"葡萄一大串一大串地挂在绿叶底下，有红的、白的、紫的、淡绿的，五光十色，美丽极了。"

师：亲爱的同学们，我听出来了！从这个小组的朗读中，我们一起体会到了葡萄不同的颜色和不同的光泽！

到了这里，我想，大家应该会有更多的理解和发现了。任务单的设计很重要，任务单在教学过程中出现的时机很重要，任务单渗透的学习方法很重要，但最重要也最具挑战性的，是借助任务单进一步深化、优化、美化学生的学习成果。任务单的使用，事实上促成了学生的两轮学习。学生借助任务单指定的学习任务和学习方法，完成自主、合作、探究学习，即第一轮学习。经过第一轮学习后，学情发生了变化：理解深入了，体验深化了，积累深厚了，但同时新的问题、新的阻碍、新的矛盾也出现了。于是，学习必定要有逻辑地进入第二轮。如何迅速、精当地分析和把握第一轮的学情，如何借助任务单生成新的教学内容、设定新的教学目标，就成了课堂教学的最大挑战。

我们看上面这个教学片段。显然，学生已经借助任务单完成了对课文第二自然段的第一轮学习。从学习成果的汇报情况来看，首先，他们已经能够提取关键信息（关键词），概述这一段的主要内容；其次，他们已经能够基本正确地书写这些关键词语；再次，他们已经能够用自己的话简要地介绍这一段的大意；最后，他们已经能够比较正确、流利地朗读第二自然段。可以说，第一轮学习取得的成果就是第二轮学习的基本学情，或者说新的起点。对此，窦桂梅老师的判断和认知是非常准确、非常敏锐的。

但是，挑战也在这个时候出现了。如何依据课堂上动态生成的学情（第一轮学习的成果），迅速生成新的教学对策，开展第二轮的教学呢？

我们发现，窦桂梅老师的课堂教学，紧紧围绕"葡萄组任务卡"中提出的"用朗读的方式告诉我们喜爱葡萄的理由"这一任务展开。第二轮教学，亮点纷呈，精彩无限。

第一个亮点是对"茂密"一词的深化学习。窦桂梅老师始终将表现性朗读与理解性阅读结合在一起。学生对"茂密"一词的表现性朗读不到位，窦桂梅老师便借助多种理解性阅读方式与策略引导学生，比如，激活学生的认知，让学生亲自动手将叶子拼贴在黑板上来表现"茂密"；依次展示不同葡萄架的图片（非常稀疏——稀疏——茂密——非常茂密），让学生感知"茂密"；让学生以小组为单位，用自己的手模拟搭建葡萄架来感受"茂密"；等等。在深化理解性阅读的基础上提升表现性朗读，最终达成"用朗读的方式告诉我们喜爱葡萄的理由"这一学习目标。

第二个亮点是对"五光十色"一词的深化学习。窦桂梅老师引导学生观察图片，聚焦葡萄的水分、光泽，使学生非常直观、非常形象地体会到，葡萄沟的葡萄不仅颜色多，而且有光泽。在此基础上，学生对第二自然段第三句的表现性朗读终于达到了一个相对理想的水平。正所谓感觉到了的东西不一定理解它，只有理解了的东西才能更深刻地感觉它。

第二轮学习，或者说对第一轮学习成果的深化，窦桂梅老师依然是借助任务单来完成的，因为深化的方向与着力点就来自第一轮学习的基本任务。不同的是，深化学习过程中的策略和方法是动态生成的。

观摩完窦桂梅老师执教的《葡萄沟》，我们对如何借助任务单夯实第一学段学生的基础性朗读有了更加直观、更加真切的体验。我们发现，正是任务单的使用，使学生的学习变得可视化，使学习内容、学习方法变得一目了然，也使学生的自主、合作、探究学习落到了实处。学生借助任务单这个工具，真正站立课堂正中央。有了任务单作为枢纽，学生的课堂学习不再是一个来回，至少变成了两个来回，甚至多个来回，这就极大地改变了浅尝辄止、蜻蜓点水式的浅层学习。同时，我们也看到，任务单的介入也驱使老师努力改变传统的、线性的、单向度的课堂结构，转向现代的、立体的、多向度的框架设计，以学习任务为中心，将以学为中心的理念真正落到实处。

感谢窦桂梅老师为我们提供了精彩的教学范例，让我们对如何使用任务单,如何变革课堂教学结构,如何提升基础性朗读学习的品质,有了一个直观而深入的把握。当然,案例只是案例,要将案例转化为我们自己的教学实践力和教学创造力,还需要我们结合自己的教学实际,不断砥砺,不断修炼。

(陶素华、陆奕如根据讲座视频整理,有改动)

下篇

第八讲

如何在多样性活动中让学生亲近文言文
―― 以罗才军《司马光》课堂教学为例

第八讲的主题是"如何在多样性活动中让学生亲近文言文",我们以罗才军老师执教的《司马光》课堂教学为例。

一、统编小学语文教科书文言文编排特点

说到文言文,我们首先有必要梳理一下统编小学语文教科书中的文言文是如何编排的。我们一起来看一个表格。

统编小学语文教科书文言文编排表

册次	文言文	备注
三年级上册	《司马光》	1. 出现在"语文园地"中的文言文不属于课文,没有统计在内。 2. 共 14 篇文言文。
三年级下册	《守株待兔》	
四年级上册	《精卫填海》《王戎不取道旁李》	
四年级下册	《囊萤夜读》《铁杵成针》	
五年级上册	《少年中国说》《古人谈读书》	
五年级下册	《自相矛盾》《杨氏之子》	
六年级上册	《伯牙鼓琴》《书戴嵩画牛》	
六年级下册	《学弈》《两小儿辩日》	

如上表所示，从三年级到六年级，统编小学语文教科书中一共出现了 14 篇文言文，其中三年级上册中的文言文是《司马光》，也就是我们在这一讲中要观摩的课例。其实从一年级下册开始，"语文园地"中就已经有文言文了，但它们不属于课文，所以我没有将其统计在内。

这样的编排和以前人教版教材的编排有哪些不同之处呢？

第一，文言文编排的学段提前了。原来人教版小学语文教科书是到五年级才开始出现文言文的，第一篇文言文是《杨氏之子》。统编小学语文教科书三年级上册就出现文言文了，第一篇文言文是《司马光》。

第二，文言文的数量增加了。原来人教版小学语文教科书中的文言文一共只有 4 篇（《杨氏之子》《伯牙绝弦》《学弈》《两小儿辩日》），现在增加到了 14 篇。

第三，文言文选文的时间跨度拉长了。统编小学语文教科书中的文言文，其时间跨度是从先秦到民国。比如《两小儿辩日》选自《列子·汤问》，是先秦的文言文；而《少年中国说》是清朝末期的文章，作者是梁启超先生。选文的时间跨度一下子就被拉长到两千多年。

第四，文言文的体裁更加丰富，类型更加多样。统编小学语文教科书中的文言文体裁涉及神话、寓言、传、论等。比如《精卫填海》是神话，选自《山海经·北山经》；而《司马光》是传记，出自《宋史·司马光传》。

那么，统编小学语文教科书这样编排文言文的目标是什么？我们认为，主要有两大目标。第一大目标就是初始目标，用一句话来概括就是：激发学生学习文言文的兴趣。我把这个初始目标概括为四个字，那就是"亲近文言"。千万不要小看这个初始目标。亲近文言，就是亲近我们的母语，亲近我们使用了两千多年的母语。这种感情必须从孩子小时候开始培养。

第二大目标是终极目标,用一句话概括就是:传承中华民族优秀的传统文化。我也把它概括成四个字,那就是"传承文化"。

统编小学语文教科书的文言文编排既体现了它的初始目标,让学生亲近文言文,也体现了它的终极目标,通过文言文来传承中华民族优秀的、博大精深的文化。

二、课文解读

有了这些背景知识以后,我们现在进入这一讲要观摩的课例。《司马光》是统编小学语文教科书中的第一篇文言文,我们先来看一看原文。

> 群儿戏于庭,一儿登瓮,足跌没水中。众皆弃去,光持石击瓮破之,水迸,儿得活。

这篇文言文非常短,选自《宋史·司马光传》。这是正史,所记载的事件不是传说,不是小说,是史实。本篇文言文文字高度凝练,叙事非常完整。

事件的起因是"群儿戏于庭",事件的发展是"一儿登瓮,足跌没水中",事件的高潮是"众皆弃去,光持石击瓮破之",事件的结局是"水迸,儿得活"。文章有起因、发展、高潮和结局,结构完整,可谓"麻雀虽小,五脏俱全"。这是总体的、概览性的阅读,我们还可以深入每一个局部去细读。

故事的起因是"群儿戏于庭"。很显然,起因的关键是一个"戏"字。"戏"是什么?"戏"是游戏、嬉戏和玩耍。那么谁在"戏"呢?"群儿"在"戏"。这里的"群儿"当然包括司马光,也包括那个"足跌没水中"的"一儿"。在哪儿"戏"呢？在庭院"戏"，这也很重要。如果不是在庭院，而是在家里，那这个"瓮"可能就不会出现了。所以，庭院为后文出现"瓮"提供了环境条件。注意，这个"瓮"不是"缸"！我们习惯说"司马光砸缸"，其实"瓮"与"缸"是不一样的：收口为"瓮"，敞口为"缸"。瓮是收口的，肚子大，口小，战国初期就已经有陶制的大瓮了。而缸是开口的，烧制工艺比瓮难得多，敞口深腹的大缸一直要到明朝时期才出现。我们经常能听到跟"瓮"有关的成语，比如"请君入瓮""瓮中捉鳖"，但是我没有听说过跟"缸"有关的成语。所以，这个故事应该叫"破瓮救友"。而且因为瓮是收口的，所以"一儿"才能"登瓮"，否则他是登不上去的。

故事的发展是"一儿登瓮，足跌没水中"，"没"是关键字眼。第一，"没"有"沉没"之意，与"水中"相呼应。第二，"没"还有"隐没"之意，与"登瓮"相对应。本来"一儿"爬到瓮上是很显眼的，大家都能看到，但突然人不见了，则为"隐没"。第三，"没"还有一个藏得更深的含义，那就是"终没"，也就是死亡。这个孩子"没"在水中，有生命危险，随时可能死亡。

最精彩的高潮是"众皆弃去，光持石击瓮破之"。请注意，这里的"众皆弃去"其实可以不写——"群儿戏于庭，一儿登瓮，足跌没水中，光持石击瓮破之，水迸，儿得活"。原文这样写其实是采用了反衬的表现手法。"众皆弃去"，"弃"就是放弃，"去"就是离开。无论众儿的反应是有意的还是无意的（我认为众儿的反应是自然反应、本能反应），都和司马光的反应形成了一个巨大的反差。司马光的反应不是本能反应，也不是自然反应，而是超常反应。

司马光的反应一共分三步：第一步，"持石"，拿一块石头；第二步，"击瓮"，用力击打水瓮；第三步，"破之"，击破水瓮。司马光的救人方法集中体现了救人"四字诀"——稳、准、快、狠。第一，

"稳"，即镇定，处变不惊。因为"一儿登瓮，足跌没水中"是突然发生的，所以"众皆弃去"，众儿都紧张了，害怕了，恐惧了，而司马光却是镇定、处变不惊的，否则他是救不了人的。第二，"准"，即正确，方法得当。事情发生后，有的小儿选择"去"，离开，离开干什么？很有可能去叫家长，但是大家都知道，等小儿跑去找到家长，并告诉家长发生了什么事，家长再赶到庭院，这得花很多时间。这"足跌没水中"的小儿怎么办？而司马光选择的方法是用最快的速度砸开这个瓮，让水迅速流出来，这个方法是最正确的，也是最妥当的。第三，"快"，即迅速，毫不犹豫。司马光没有想该怎么办，要不要和谁讨论一下，而是"持石击瓮破之"，非常迅速，毫不犹豫。第四，"狠"，即有力，无所畏惧。一个小儿要砸瓮，那得有足够的力量，"击"和"破"恰恰体现了司马光的无所畏惧。如果司马光是战战兢兢、哆哆嗦嗦的，那还怎么破瓮？

所以，救人"四字诀"塑造了司马光的人物形象，当然这不是为塑造而塑造，而是基于史实。另外，文章的语言也非常精确妥帖，"光持石击瓮破之"，中间没有任何标点符号，语言节奏非常紧凑，这样的语言形式恰恰与当时司马光救人的"稳""准""快""狠"相契合。所以我们说，语言形式其实是更高级的内容。

故事的结局是"水迸，儿得活"。请注意最后三个字——"儿得活"。这个小孩被救了，活了，即"儿活"。但是，作者为什么要用"儿得活"呢？这与"儿活"有什么区别呢？首先，"得"即"得以"，也就是这个小儿得以活下来。很显然，"得"不仅指向活下来的那个小儿，还指向能够让这个小儿活下来的司马光。其次，"得"还有"得到"之意。那个小儿之所以能够活下来，是因为得到了司马光的帮助。最后，我们注意到，"儿得活"和"儿活"的语言节奏是不一样的。"水迸，儿活"，让人感觉很仓促，还处在紧张的情绪当中；"水迸，儿得活"，语气平缓，节奏踏实，让人可以长舒一口气。这样的语言形式同样也是一种更高级的内容。

即便是一篇很简短的文言文,如果我们细细去品读,也能发现其中的许多内涵和意蕴。

三、课例观摩

这样一篇文言文,罗才军老师是怎么教的呢?我们发现,罗才军老师的这堂课只有一个核心目标,那就是让学生在反复诵读的过程中,借助注释了解故事内容,感受人物形象。他的教学分为四个板块。

第一板块,通读课文,感知文言。
第二板块,理读课文,了解文意。
第三板块,悟读课文,感受人物。
第四板块,熟读课文,培养语感。

1. 通读课文,感知文言

我们先来观摩第一个板块:通读课文,感知文言。

师:打开课本,请你根据自己的节奏和感觉读一读《司马光》。这是一篇文言文,我建议大家读得慢一些,做到字字清晰,句句响亮。会吗?

生:会。

师:让我听到你们琅琅的书声。每个人至少读三遍,自己读自己的。

(生自由读课文)

师:谁愿意给大家读一读《司马光》?(将话筒递给一

生)拿着话筒读。

　　生：(朗读)"群儿戏于庭，一儿登瓮，足跌没水中。众皆弃去，光持石击瓮破之，水迸，儿得活。"

　　师：读得不错，字正腔圆。谁还想读？这个女孩来读。

　　(生朗读课文)

　　师：不错！几个比较难读的词，"登瓮""没水中"，都读得准确。来，这个男孩读一读。

　　(生朗读课文)

　　师：真好，干干净净！我们一起来读《司马光》。

　　(生齐读课文)

　　师：很好。学文言文首先是读，能够把文言文读得字正腔圆，句句响亮，这已经非常不错了。

　　这个板块看起来非常简单，似乎没有什么特别出彩的地方。但是，如果你对课堂教学有足够的敏感和警觉，你就会发现，这个看似简单的教学板块背后隐藏着重要的教学理念。

　　第一，研判学情。有人说，罗才军老师在这一板块中没有做特别具体的指导，也不像其他教师教学时那样，总要在一些句子中间画一画节奏线。为什么呢？那是因为他对学情进行了研判。事实上，三年级的学生虽然是第一次学文言文，但并非零起点，因为他们在一二年级已经学过一些古诗词，而且"语文园地"中的一些名言警句，比如"学而不厌，诲人不倦""书读百遍，其义自见""小信成则大信立"等都是文言文，学生并不陌生。

　　此外，很多学校都在推进经典诵读工程。从一年级开始，学生就在读《三字经》《弟子规》《百家姓》《千字文》和一些文言名句，他们对文言文已经有了一定的感知和学习经验。所以，罗才军老师对学情的研判是实事求是的，这是对学情的尊重。

第二，顺应学情。显然，学生自己能读课文，而且三位学生都读得相当不错，所以罗才军老师就顺应这样的学情，重点强调学文言文关键在"读"，要把课文读得清楚、响亮。在罗才军老师看来，与其做更多无谓的指导，不如留足时间让学生自己多读。

2. 理读课文，了解文意

文言文学习的起始环节一定是通读课文。把课文读得清楚、响亮，并读出文言文基本的节奏，是基础和前提。有了这样的基础和前提，学生就可以进入文言文学习的第二个板块，即理读课文，了解文意。

师：来，我们一句一句看。群儿戏于庭，什么意思？
生：我觉得是一群孩子在庭院里面玩耍。
师：同意吗？
生：（齐）同意。
师："群儿"就是一群孩子，"戏于庭"就是——
生：在庭院里面玩耍。
师：哪个字表示玩耍？
生："戏"。
师：你怎么知道"戏"是玩耍？
生：因为"戏"表示嬉戏嘛。
师：她用了什么方法来读懂这个"戏"字？
生：把它代入一个词语里。
师：很好。学习文言文时，如果我们不理解某个字，可以把它代入一个词语里。（板书：组词）"戏"可以组成"嬉戏"，所以"戏于庭"就是在庭院里面嬉戏。这个"庭"是庭院，课文说得很清楚，哪里说的？

生：注释②写着"庭"是庭院的意思。

师：所以我们在读古诗和文言文的时候会发现，课文下面往往有什么？

生：（齐）注释。

师：我们要学会借助这个注释理解文章，对吧？很好，通过这句话，我们学会了阅读文言文的两种方法。（板书：借助注释）"群儿戏于庭"，说的是一群小孩在庭院里玩。接着谁来？

生："一儿登瓮"，他这个瓮就是口小肚大的陶器。

师：你是从哪里知道的？

生：课文下面的注释。

师：很好。

生：这句话就是说，一个小孩不小心掉入了一个口小肚大的瓷器。

师：什么器？

生：陶器。

师：直接说那个是什么？

生：陶器。

师：这个陶器叫什么？（停顿）瓮。我问问你，"一儿登瓮"四个字里面，哪个字说明小孩不小心了？有吗？

生：没有。

师：刚才这位同学为什么加"不小心"呢？

生：因为他以为那个小孩是不小心才跌入水中的。

师：那是我们的感觉，对不对？事实上小孩还没有掉进去，还没有"不小心"呢，"不小心"在后边。

生："足跌没水中"，表示小孩不小心掉进了瓮里。

师：是的，很危险！哪个字说明很危险？

生："跌"。

师："跌"说明很危险？

生：是"没"。

师：为什么？

生："没"就说明这个水已经淹过他的头顶了。

师：你看，他多会读，所以得连起来解释"一儿登瓮，足跌没水中"。来，谁连起来说？

生：一个小孩爬到瓮上，不小心跌入水中，水没过他的头顶。

师：好的。一个小孩不小心跌入水中，水没过了他的头顶，这个"不小心"课文中有吗？

生：没有。

师：是我们加上去的，对不对？我们为什么要加上去？

生：这是我们的感觉。

师：对了。所以学习文言文不只要借助注释，还要结合自己的感觉，联系自己的什么？

生：想法。

师：好的。（板书：联系）没有人会故意让自己掉进水里，小孩肯定是不小心的，所以我们读文言文时要联系自己的生活，（板书：生活）联系自己的体验。再接着往下看，"众皆弃去"，你来告诉大家。

生：所有小孩都走了。

师：哪处表示所有小孩？

生："众"。

师：不准确。（停顿）"皆"是什么意思？

生："皆"就是全、都，他们全都跑掉了。

师：你怎么知道"皆"是全、都？

生：因为我看到了后面的"弃去"。

师："皆"是全、都，哪里已经说得很明白了？

生：第四个注释。

师：看来我们还是要学会借助注释。"皆"是全、都，注释说得很清楚。谁知道"弃去"？你说。

生：逃走。

师：不准确。这群小孩真坏，看到小伙伴掉进瓮里了，竟全走了，谁也不管他的死活。你说。

生："弃"代表他们逃走了。

师："弃"代表逃走了，那么"去"呢？

生：就是走开的意思。

师：还是逃走了。

生：害怕地跑走了。

师：害怕地逃走了就是"弃"，那"去"呢？（停顿）逃走需要说两遍吗？你们想象一下，如果你的同伴中有一个人掉进瓮里了，你们会不会屁股一拍就走啦？（笑声）

生：我觉得"弃"是回家的意思。

师：回家干什么？

生：回家告诉大人。

师：所以，"弃"是"弃"，"去"是"去"。看见一个小孩掉进瓮里，水都没过他的头顶了，一些小孩心里很着急，很害怕，赶紧逃走了，选择了"弃"。还有一些小孩，干什么去了？

生：告诉大人去了。

师：是的，所以"弃"是"弃"，"去"是"去"。一群小孩都跑开了，有的——

生：有的去找大人，有的因为害怕而逃跑了。

师：是的，这叫"众皆弃去"。有的跑去找大人了，有的吓得干脆逃走了，这时候谁还没走？"光持石击瓮破之"。

生：司马光拿着一块石头。

师：哪个字表示拿着？

生："持"。

师：好的。

生：司马光拿着石头，把那个瓮打开了一个洞，水都流出来了。

师：所以最后——

生：那个小孩子活了。

师：得救了，是吧？好，"光持石击瓮破之"，就是司马光捧着一块石头砸了瓮，把瓮砸破了，对不对？哪一处表示把瓮砸破了？

生：我觉得是"击瓮"。

师："击瓮"，还没破。

生："破之"。

师："破"的什么？

生：瓮。

师：哪个是"瓮"？（停顿）"持石击瓮破之"，除了我们看到的"击瓮"，还有哪个字也表示瓮？

生：击瓮破之。

师："持石击瓮破之"里面有两个瓮，第一个瓮出现在"击瓮"中，第二个瓮在哪里？

生："之"。

师：哪个"之"？

生："破之"的"之"。

师：前面那个"瓮"是看得见摸得着的瓮，对不对？后面这个"破之",其实"破"的是什么?(生回答"瓮")也是瓮,但是这个"瓮"化了妆,变成什么了?

生:"之"。

师:文言文里边有好多"之",文言文有时候也被说成四个字——"之乎者也",对不对?"光持石击瓮破之",司马光把瓮给打破了,水流出来了,小孩得救了。我们总结一下,我们阅读文言文,大概有这么几种方法。第一种,可以给这个字——

生:组词。

师:第二种,可以借助什么?

生:注释。

师:第三种,可以联系自己的什么?

生:(齐)生活。

师:现在我们带着自己的理解,一起来读一读《司马光》。

(生齐读课文)

罗才军老师在这个板块中疏通了文句,引导学生用自己的话来讲一讲司马光破瓮救友的故事。这一板块很有特色,罗才军老师主要采用了如下策略。

第一,结合文言理解,渗透文言学法。在课例中,罗才军老师引导学生组词,理解字意;借助注释,理解词意和句意;结合日常的生活体验,理解字、词、句的意思。这样的学习方法渗透是非常有效的,也是非常自然的。

第二,唤醒生活体验,突破理解难点。我们知道"众皆弃去"中的"弃去"是一个难点,"弃"是放弃、逃走,"去"是离开、离去。学生很容易把它理解为一个词语,实际上这两个字的含义是有区别的。如何突破这个难点呢？罗才军老师的方法是唤醒学生的日常生活体验。看见自己的小伙伴突然掉进瓮里了，随时都有生命危险，有的孩子可能吓得逃走了，有的孩子可能赶紧离开，去找自己的爸爸妈妈。学生不一定真的经历过这样的事件，但是结合自己的生活体验展开想象，便能很容易地突破这个难点。

第三，聚焦特殊字眼，突出文言特点。文言文的独特与精妙，往往体现在虚词的运用上。文言文中常用的虚词大概有二十几个，最常用的虚词不过四五个，就是我们经常讲的"之乎者也"，"之"排在第一位。在这个板块中，罗才军老师敏锐地发现并抓住了这个"之"字。"光持石击瓮破之"，这句话中其实有两个瓮，一个瓮是"看得见、摸得着的"，另一个瓮是"化了妆的"。罗才军老师让学生去寻找这两个瓮，学生最后发现原来第二个"化了妆"的瓮就是代词"之"。《司马光》是学生接触的第一篇文言文，罗才军老师通过引导学生聚焦特殊字眼，让学生感受了文言文中的一些特殊语言现象。我觉得，在教学中适当渗透常见文言虚词的语法知识很有必要。

3. 悟读课文，感受人物

经过前面两个板块，学生已经掌握了这篇文章的内容，后面的教学是否就是简单的读背或者积累呢？罗才军老师将使用什么方法引导学生进一步亲近文言文呢？

师：课文中有许多词是形容人的。比如，第一句当中哪一个词是形容人的？
生："群儿"。
师：是的，"群儿"。请把"群儿"圈出来，"群儿"就是——
生：一群孩子。

师："群儿"圈出来了吧？圈出"群儿"之后请你继续往下读，边读边圈出写人的词语。

（生默读课文并圈画）

师：圈完了吗？

生：圈完了。

师：试试看，一句一句找。第一句"群儿"，第二句——

生：第二句，"一儿登瓮"中的"一儿"。

师：很好，"一儿登瓮"中的"一儿"，继续往下找。

生："儿得活"中的"儿"。

师：你找得可真快，到最后一句去了，中间其实还有。

生："足跌没水中"中的"足跌"。

师："足跌"也是写人的吗？"足跌"是什么？

生："足跌"是脚被绊了一下。

师：不是绊了一下，脚下——

生：脚下滑了一下。

师：对啊，瓮上很光滑，脚下滑了一下。现在知道"足跌"是什么意思吗？

生：足跌是说小孩脚滑了一下。

师：对了。

生："光持石击瓮破之"的"光"。

师："光"就是谁？

生：司马光。

师：在中国古代，姓可以用作称呼，名也可以直接用作称呼，所以我们可以直接叫他"光"。还有吗？

生：还有"众皆弃去"中的"皆"。

师："皆"吗？

生："众"。

师："皆"注释说得很清楚，"众"也是形容人的，对不对？接下来，你们一个词一个词地往下读。

（生齐读课文）

师：把这些形容人的词说一说。（略）其中哪两处说的是同一个人？

生："一儿""儿"。

师：都是指哪个人？

生：都是指掉进瓮里的那个小孩。

师：很好。"群儿"和"众"也有共同的特点，都是指——

生：一大群孩子。

师：是的，都是指一大群孩子。请问，这两个"一大群孩子"哪个更多？

生："群儿"。

师：为什么？

生：因为"群儿"表示一群一群的。

师："众"也是表示一群一群的，三人成众，人多着呢。

生：我认为"群儿"多，因为那个"众"里面少了一个小孩，那个小孩掉进瓮里了。

师：你发现"众"里面少了掉进瓮里的那个小孩，但是这个理由还不够充分。哪个人更多？

生："群儿"。

师：为什么？

生：因为"众"里面没有司马光。

师：除了司马光，还有谁不在"群儿"里？

生：还有掉进瓮里的那个小孩。

师：你们听明白了吗？这个"群儿"包括司马光，也包括那个掉进瓮里的小孩。而后文的"众皆弃去"可不包括他们，一个掉进瓮里了，一个还在准备干什么？

生：救人。

师：看到小伙伴掉入瓮里，有的孩子"弃"，有的孩子"去"。我们知道"弃"是什么意思？逃跑。"去"是什么意思？去找大人。还有一个人，他既不"弃"也不"去"，是谁啊？

生：光。

师：你觉得司马光是一个什么样的人？你用一个词来形容他。

生1：乐于助人。

生2：沉着冷静。

师：真会用词。

生3：机智勇敢。

师：哎哟，机智勇敢，你看，都是四个字的词。

生4：聪明。

生5：智勇双全。

师：哎哟，你看，不仅聪明，而且还勇敢，这叫智勇双全。智勇双全的人和一般人是有区别的，他做了什么？用课文中的话说就是——

生：（齐）"光持石击瓮破之"。

师：真好！现在，你能不能用课件中的句式来说一说这个故事？

（课件呈现）

司马光真乃_____之人也，只因光_____（用课文中的原话）

生：司马光真乃智勇双全之人也，只因光持石击瓮破之。

师：真好，来，你再来说一说。

生：司马光真乃聪明之人也，只因光持石击瓮破之。

师：会说话！听听你的。

生：司马光真乃机智勇敢之人也，只因光持石击瓮破之。

师：真好！你来。

生：司马光真乃机智勇敢之人也，只因光持石击瓮破之。

师：好的。我想问一问，我们说司马光机智勇敢、沉着冷静，只是因为他留下来砸缸吗？仔细琢磨琢磨，其他小孩着急地跑去找大人，他们是想让大人干什么？

生：救小孩。

师：怎么救？

生：去把他捞上来。

师：把他捞上来，这是大家都有的想法，对不对？（生点头）但是司马光不是这么想的，他没想把那个小孩捞上来，而是想了其他方法。

生：把瓮给砸破。

师：砸破的目的是什么？

生：让水流出来。

师：所以不是把人从水里捞出来，而是——

生：让水流走。

师：你看，司马光不只是沉着冷静，不只是机智勇敢，不只是智勇双全，而且他的想法——

生：与别人不同。

师：所以司马光真乃——

生：司马光真乃机智之人也。

师：机智人家说过了，还有吗？司马光真乃——（停顿）其他人都想着把人从水里捞出来，他不这么想。

生：司马光真乃想法大不一致之人也，（师笑）只因光持石击瓮破之。

师：想法很独特，对不对？好，这是我们认识的司马光。尽管文章很短，但是我们从这个故事里不只读出了他的机智和勇敢，还读出了他与众不同的思维方式。我们一起带着这样的理解和体会，再来读一读《司马光》。

（生齐读课文）

这个板块是这堂课最精彩的部分，因为罗才军老师在这个板块设置的教学支架与众不同，而且卓有成效。

首先，归类——寻找人物类名词。罗才军老师让学生在故事中寻找所有表示人物的名词，学生们找到了"群儿""一儿""众""光""儿"。罗才军老师这么做不只是为了归类，背后大有深意。

其次，分类——区别近义词。在课堂上，"群儿"与"众"的区分是最精彩的。罗才军老师通过一句句的追问，让学生把"群儿"与"众"的区别准确地分析了出来："众"不包括两个人，一个是跌入瓮中的"一儿"，另一个就是救人的司马光。这样的分类，不是为了训练学生的阅读技巧，而是让学生深入这个故事的核心去分析司马光这个人物形象。

最后，出类——感受主人公的形象。通过一次次的比较，学生就能发现司马光和"群儿"大不一样，而这个不一样就表现在他智勇双全的品质和独特的思维方式上。在这个板块中，学生的表现非常棒。有时候，只要给学生一个精准的支点，他们就能够撬动整个文本的精髓。

4. 熟读课文，培养语感

这堂课还没有结束，我们来看最后一个板块。

师：司马光的故事流传了很久很久，你们有的是从动画片中看到的，有的是从奶奶那里听到的，有的是在历史书里读到的。老师今天想请你们换一种方式。（课件呈现：以邮票的形式展示《司马光》的故事）看到了吗？三张什么？（个别学生回答"邮票"）好的，一张一张往下看，再一句一句读课文。第一张——

生：（齐读）"群儿戏于庭，一儿登瓮，足跌没水中。"

师：第二张——

生：（齐读）"众皆弃去，光持石击瓮破之。"

师：第三张——

生：（齐读）"水迸，儿得活。"

师：三张邮票看清楚了吗？

生：（齐）看清楚了。

师：三张邮票所表达的内容看清楚了吗？

生：（齐）看清楚了。

师：现在，老师把这三张邮票放在一起，就是《司马光》这个故事，对不对？看着这三张邮票，读一读这三张邮票表达的内容。

（生齐读课文）

师：真好。现在，请你回忆这三张邮票，"群儿戏于庭，一儿登瓮，足跌没水中。众皆弃去，光持石击瓮破之，水迸，儿得活。"一张一张往下看，一张一张往下记。这三张邮票就是我们今天学的《司马光》。现在，能和老师一起看着插图，把《司马光》记下来吗？一起来试试，只看大屏幕,开始——

(课件呈现课文插图)

(生齐背课文)

为了让学生熟读成诵,罗才军老师采用了以下教学策略。

第一,借助邮票,强化熟读成果。罗才军老师用课件出示了三张邮票,邮票的内容正好是司马光救友的整个过程。通过图文对照,图文互参,左右脑并用(左脑是文字记忆,右脑是图像记忆),强化学生对文言文本的熟读成果。

第二,借助插图,巩固熟读成果。罗才军老师利用课文中的插图,进一步巩固学生文言文的熟读成果。

其实文言文教学最基本、最核心的任务,就是让学生熟读成诵。要培养学生的文言语感,只有一个办法,那就是熟读。

罗才军老师执教的《司马光》给我们的启示有如下几点。

第一,以学定教,激发学生的学习兴趣。文言启蒙的首要任务就是激发、培养学生对文言文的兴趣。要激发学生的兴趣,教师必须对学情有一个准确、科学的研判,从真实学情出发,以学定教。《司马光》的故事,学生早已熟悉。真正吸引他们的不是故事内容,而是文字形式。也就是说,那个他们十分熟悉的故事,居然是用这样的文字来记叙的。"这样的文字"(文言),才是真正触动他们的兴奋点。而触发这个兴奋点的有效做法,就是通读通读再通读。

第二,言文互参,消除学生的恐惧心理。这里的"言"是指学生正在使用的、能够理解的白话,"文"是指文言。学生初次接触文言文,确实会感觉佶屈聱牙。对《司马光》这个故事,学生已经有一定的基础,教师充分利用这个基础,通过言文互参,便可有效地消除学生对文言文的恐惧心理。

第三,顺学而导,让学生感受成功的喜悦。我们发现,在这堂课上，罗才军老师非常重视放手让学生自己读、自己说。在学生自己读和自己说的过程中，老师再加以点拨和引领，学生便能不断感受到学习带来的成功和喜悦。这种喜悦既可以消除他们对文言的恐惧心理，又可以让他们亲近文言，可谓一举两得。

第四，触类旁通，渗透文言学习方法。无论是组词、借助注释，还是联系生活实际，都是常用的方法。学生掌握了这些方法后可以触类旁通。有了方法，学生就更愿意亲近文言了。

第五，感受人物，陶冶学生的思想情操。学习文言的最大用处就是"无用之用"，也就是"以文化之"。这里的"文"是指中华民族传承几千年的共同的价值观、共同的思维方式和共同的审美志趣，对陶冶儿童的人格是非常有意义和价值的。让学生感受司马光这样一个和他们年龄相仿的人物的形象，可以润物无声地陶冶学生的思想情操，这是从更深层次让学生亲近文言。

（伍兰、李香君根据讲座视频整理，有改动）

第九讲

如何在朗读和吟诵中体悟古诗的情韵之美
——以赵志祥《敕勒歌》课堂教学为例

第九讲的主题是"如何在朗读和吟诵中体悟古诗的情韵之美",我们以赵志祥老师执教的《敕勒歌》课堂教学为例。

一、中国古典诗歌的基本常识

在展开这一讲的主题前,我们先了解一下中国古典诗歌的基本常识。中国古典诗歌大体可分成两大类,即古体诗和近体诗。古体诗按照体裁主要可分为三类,即歌体、行体、吟体。根据诗歌字数的多少,古体诗又可分成四类。第一类,四言古体诗,譬如曹操的《短歌行》:"对酒当歌,人生几何!譬如朝露,去日苦多。"第二类,五言古体诗,譬如孟郊的《游子吟》:"慈母手中线,游子身上衣。临行密密缝,意恐迟迟归。谁言寸草心,报得三春晖。"第三类,七言古体诗,譬如曹丕的《燕歌行》:"秋风萧瑟天气凉,草木摇落露为霜。"第四类,杂言古体诗,一般为三、四、五、七言相杂,《敕勒歌》就属于典型的杂言古体诗,当然也是古体诗中的歌体诗。

近体诗则分为两大类,即绝句和律诗。根据字数的多少,绝句和律诗又可细分成两小类,即五绝和七绝、五律和七律。五言绝句,如王之涣的《登鹳雀楼》:"白日依山尽,黄河入海流。欲穷千里目,更上一层楼。"七言绝句,如王昌龄的《出塞》:"秦时明月汉时关,万里长征人未还。但使龙城飞将在,不教胡马度阴山。"五言律诗,如王维的《山居秋暝》:"空山新雨后,天气晚来秋。明月松间照,清泉石上流。竹喧归浣女,莲动下渔舟。随意春芳歇,王孙自可留。"七言律诗,如被誉为"古今第一律诗"的杜甫的《登高》:"风急天高猿啸哀,渚清沙白鸟飞回。无边落木萧萧下,不尽长江滚滚来。万里悲秋常作客,百年多病独登台。艰难苦恨繁霜鬓,潦倒新停浊酒杯。"以上是中国古典诗歌的分类常识。

中国古典诗歌,无论是古体诗还是近体诗,都有着相同的基本特征。第一,韵律性。诗歌是直接诉诸声音的,而这一特质就集中体现在它的韵律性上。字数的多少、句式的长短、平仄关系、韵脚关系等,组成了诗歌语言的韵律性。第二,抒情性。从《诗经》《楚辞》开始,中国古典诗歌一直有抒情的传统。"诗者,志之所之也,在心为志,发言为诗。"因此,诗歌是具有抒情性的,是作者抒发真挚而强烈的主观情感的载体。第三,意象性。何为意象性?即诗歌作者抒情,往往不是直抒胸臆,而是通过意象这个最基本、最重要的诗歌建筑材料来抒发情感。

二、课文解读

了解了中国古典诗歌的基本常识后,我们回到这一讲要观摩的课例。《敕勒歌》是统编小学语文教科书二年级上册的第18课,属于杂言歌体的古体诗。

敕勒歌

敕勒川,阴山下,
天似穹庐,笼盖四野。
天苍苍,野茫茫,

风吹草低见牛羊。

无论是古体诗还是近体诗，必定都符合中国古典诗歌的三个基本特征。我们来看看《敕勒歌》是如何体现中国古典诗歌基本特征的。

1. 韵律性

《敕勒歌》的韵律性体现在哪些方面呢？

第一，字数。《敕勒歌》的字数非常有意思，其实比课文更好的排列方式是把这首诗排成七行，第一行三个字，第二行三个字，第三行四个字，第四行四个字，第五行又是三个字，第六行又是三个字，第七行七个字。三三四四三三七，读起来是有节奏感的，三三为主，四四穿插其间，最后以七字结句。从总体上看，《敕勒歌》以短句为主，字数的变换，让《敕勒歌》具有一种既粗犷又深情的韵律。

第二，押韵。《敕勒歌》的押韵比较特殊，它的押韵形式是ABCBDDD。第一种韵，即 a 韵，也叫麻韵。"敕勒川，阴山下，天似穹庐，笼盖四野"的押韵形式是 ABCB：A 是"敕勒川"，不押韵；第一个 B 是"阴山下"，韵脚是"下"；C 是"天似穹庐"，不押韵；第二个 B 是"笼盖四野"。统编教材中"野"字的注音是 yě，把所有的古音全部统一标注为现代读音。但是，从诗歌韵律的角度来说，这个字应该读 yǎ，和"下"押韵。因此，它的押韵形式是 ABCB，押 a 韵，但不是一韵到底，是换韵的。古体诗的韵脚是可以变换的，和近体诗相比更加自由。第二种韵，即 ang 韵。"天苍苍，野茫茫，风吹草低见牛羊"的押韵形式是 DDD。虽然诗中有两种不同的韵，但是这两种韵读起来都比较响亮绵长，给人以余音绕梁之感。

第三，韵字。大家可能只注意到了韵脚，其实《敕勒歌》中还出现了好几类不同的韵字。第一类，"敕勒川"的"川"，"阴山"的"山"，"天似穹庐"和"天苍苍"的"天"，"风吹草低见牛羊"的

"见";第二类,"敕勒川"的"敕","天似穹庐"的"似","笼盖四野"的"四"。由此可见,整首诗的韵字比例较高。所有韵字组合叠加在一起,能使诗歌读起来更加和谐,这也体现了语言的韵律性。

第四,叠韵。"天苍苍,野茫茫"中的"苍苍"和"茫茫"属于叠韵字,可以增强语言本身的韵律感。

第五,复沓。前文有"天似穹庐,笼盖四野",后文又出现了"天"和"野",即"天苍苍,野茫茫",这是一种复沓。复沓能起到回环照应的效果,可以使整首诗前后两个部分联系紧密,给人以一呼一应的感觉。

第六,《敕勒歌》作为古体诗中的歌体诗,本身就是用来唱的,具有极强的音乐性。因此,《敕勒歌》语言的韵律性也就不言而喻了。

2. 抒情性

无论是古体诗还是近体诗,本质都是抒情,抒发真挚浓郁的情感。那么,《敕勒歌》的抒情性体现在哪里呢?

首先,语言的韵律本身所抒发的情感。这首诗节奏短促,显得粗犷有力。另外,这首诗的部分韵脚"苍苍""茫茫""见牛羊",响亮而绵长,加上叠韵的增强效果,形成一种苍茫雄浑的氛围。

其次,写作视野本身传递出来的情感。这首诗的写作视野非常独特:从上到下,即从"天"到"野";从远到近,先是整个天地尽收眼底,再一步一步拉近,到"风吹草低见牛羊";由静到动,从一开始的静,到最后"风吹草低见牛羊"的动;由虚到实,"天似穹庐,笼盖四野。天苍苍,野茫茫"没有具体的景致,是虚的,直到最后一句"风吹草低见牛羊","牛羊"是实的。如果我们把《敕勒歌》想象成电影,它的镜头语言则包含着赞美与依恋、豪放与深情。这便是独特的写作视野所传递出来的情感。

最后,意象抒发的情感。最典型的是这首诗中带有浓郁地方色彩的意象——敕勒川。敕勒是中国古代的一个少数民族,川就是平原,这里指草原。"穹庐"就是毡房,即现在的蒙古包。诗中还有"阴山""牛羊"等意象,这些都带有鲜明的地域性和强烈的少数民族气息。它们的叠加和反复出现,无不是歌者在抒发对家乡、土地的眷恋与热爱之情。因此,这首诗本质上是抒情,有着粗犷豪爽、苍茫雄浑的情感基调,有着对故乡的赞美和深深的依恋。

3. 意象性

"一切景语皆情语",中国古典诗歌离不开意象。这首诗没有一句是直抒胸臆,"啊!我的故乡多美啊!""啊!我爱你,故乡!"这样的话一句都没有。这首诗只有意象,"敕勒川"是意象,"阴山下"是意象,"天似穹庐,笼盖四野"也是意象,"天苍苍"是意象,"野茫茫"是意象,"风吹草低见牛羊"还是意象。细读这些意象,我们会发现它们具有三大特点。第一,具有鲜明的地域性。敕勒川、阴山、穹庐、牛羊等意象带有浓烈的少数民族气息,体现出了歌者对故园的眷恋之情。第二,具有自然性。全诗没有出现"人"这个意象,通篇的自然意象体现了歌者对大自然的赞美。第三,具有白描性。这首诗不是精雕细刻,也不是抒发精致的情感,而是白描的、写意的,如"天似穹庐""天苍苍,野茫茫""风吹草低见牛羊"。这意味着诗中的情境是随处可见的。或许有人会问,人在哪里?其实,人已经把自己给忘了,达到了一种忘我的境界。于是,白描性意象互相叠加,就形成了这样一种诗境:人与故园合一,人与自然合一。这也是《敕勒歌》这首古体诗的最大魅力所在。

三、古诗教学的学段特点及基本要求

我们上面的这些解读都要教给学生吗？答案是既无可能，也无必要。我们要关注的是课程目标，即古诗教学的学段特点和基本要求。

古诗教学的学段特点及基本要求

学段	诵读	翻译	想象	情感体验
第一学段	读正确；读熟练；学习读出节奏和韵味。	无须翻译。	借助插图、故事，想象诗歌情境。	在想象中初步感受诗歌情感。
第二学段	读正确；读熟练；能读出节奏和韵味。	借助注释、插图和诗境翻译诗歌大意。	借助插图、故事、注释等，想象并简单描述诗歌情境。	在理解和想象中，通过反复诵读深入感受诗歌情感。
第三学段	读正确；读熟练；带着想象和体验，读出节奏和韵味，并读出个性。	借助注释、插图、诗境和阅读积累，较好地翻译诗歌大意。	借助插图、注释等，扣住关键意象，想象并具体描述诗歌情境。	借助意境和资料，在理解和想象中体悟诗歌情感，并能表达所体悟的情感。

不同学段古诗学习的特点和基本要求是不同的，我们可以从四个维度对其进行分析。

第一个维度，诵读。第一学段的诵读要求是"读正确，读熟练"，这是古诗教学最基本的要求。第二学段的诵读要求是"能读出节奏和韵味"，由"学习"变成"能力"。相比第一学段，第二学段的诵读要求更高了。到了第三学段，诵读的要求更高，在读正确、读熟练的基础上，要求学生"带着想象和体验，读出节奏和韵味，读出个性"。

第二个维度，翻译。第一学段无须翻译，编者刻意不给一二年级教材中的古诗加注释，只有一个特例，那就是《敕勒歌》。《敕勒歌》有一个注释，"风吹草低见牛羊"中的"见"实为通假字。为什么一二年级的古诗基本没有注释？编者的意图很明显，就是不要求学生去翻译古诗，甚至觉得古诗的意思教师都不用多讲。到了第二学段，古诗出现注释，学生需要借助注释、插图和诗境，即联系诗歌的上下文翻译诗歌大意。到了第三学段要求更高，学生需要借助注释、插图、诗境和自身的阅读积累，较好地翻译诗歌大意。

第三个维度，想象。中国古典诗歌的意象性，意味着读诗必须要想象。第一学段要求学生借助插图、故事，想象诗歌情境。第二学段要求学生借助插图、故事、注释等，想象并简单描述诗歌情境。这两个学段的"想象"有区别：第一学段的"想象"是内隐的，学生不一定要说出来，我们感觉学生已经进入想象中的情境就可以了，而第二学段的"想象"学生需要简要地描述出来。第三学段要求更高，学生要借助插图、注释等，扣住关键意象，想象并具体描述诗歌情境。在学生描述的过程中，诗歌的画面可能会变得越来越具体、越来越形象。

第四个维度，情感体验。第一学段的要求是初步感受诗歌情感。第二学段的要求是通过反复诵读来感受诗歌情感。第三学段的要求更高，"借助意境和资料，在理解和想象中体悟诗歌情感，并能表达所体悟的情感"，内隐地体悟情感还不够，还要把情感外显出来，用语言、诵读、画面、思维导图等形式把它表达出来。

四、课例观摩

中国古典诗歌具有三个基本特征，不同学段的古诗教学又具备不同的特点，有不同的要求。有了这些背景知识，我们就可以来观摩赵志祥老师执教的《敕勒歌》了。

赵志祥老师执教的《敕勒歌》是个大课,他用 80 分钟左右的时间上完了这首诗。这堂课从大的方面可以分为两大板块。第一个板块是"在朗读过程中引导学生感受诗歌",第二个板块是"在吟诵过程中引导学生领悟诗歌"。

1. 在朗读过程中引导学生感受诗歌

接下来,我们一起走进赵志祥老师执教的《敕勒歌》的第一个板块。在观摩这个板块时,请大家思考两个问题。

第一,《敕勒歌》在第一学段中出现,我们如何把握其基本教学要求?

第二,《敕勒歌》的教学应如何体现中国古典诗歌的基本特征?

师:接下来,老师又要送给大家一首诗了。这首诗藏在一幅画里,请看——

(课件呈现草原上的一排蒙古包)

师:猜到题目的同学请举手。如果还是猜不出来,请再看一幅画——

(课件呈现牛羊在草原上吃草的图片)

师:都猜出来了吧?再看一幅画,请问还是那首诗吗?

(课件呈现晴空万里草原图)

生:(齐)是。

师:一起说出那首诗的名字。

生:(齐)《敕勒歌》。

师:现在公布标准答案,你们猜的是对还是错?

(个别学生回答"对")

师:刚才我听见两个小朋友非常高兴地说"耶",但都不敢大声说。你们要想大声地说"耶"就大声说，好不好？

生：好。

师：注意，标准答案就要出来了。

（课件呈现《敕勒歌》原文）

生：（大声齐说）耶。

师：真好，既然看着图，你们都能猜到这首诗，我想问一句，你们会读吗？

生：（齐）会。

师：那你们一起读一读《敕勒歌》。

生：（朗读）"敕勒川，阴山下，天似穹庐，笼盖四野。天苍苍，野茫茫，风吹草低见牛羊。"

师：真好！最应该表扬的是这一列，（手指右边一列）最最应该表扬的是这一列的后面三排小宝贝，（手指后面三排）他们读得特别慢（范读"风吹——草低——见——牛——羊"），可好听了！我本来还以为你们都不会读，所以给生字全都注上了拼音（课件呈现注好拼音的《敕勒歌》），准备一个字一个字地教你们，请问还要不要一个字一个字地教？

生：（齐）不要。

师：那咱们就直接去掉拼音读，好不好？

生：（齐）好。

师：但是我这一次的要求有所改变，你们得读出这首诗的韵味。知道什么叫韵味吗？不知道的举手。（个别学生举手）知道的举手。（多数学生举手）你知道什么叫韵味？

生：韵味就是那个调调。

师：孩子，你还真说对了一半。

生：韵相当于韵律。

师：不是相当于韵律，韵味源自韵律，但不是韵律，韵律是韵味的爹和妈。（笑声）我来告诉你们什么叫韵。第一句话有两个字是押韵的，一个字是"阴山下"的"下"，另一个字就是"野"，但要是把这两个字分别读成 xià 和 yě 就不顺口了。这个"野"字应该读成 yǎ，会读 yǎ 吗？

生：（齐）会。

师：咱们把第一句读一遍。

生：（齐读）"敕勒川，阴山下，天似穹庐，笼盖四野（yǎ）。"

师：真了不起，一教就会！笼盖四野（yǎ），一起读。

生：（齐读）"笼盖四野（yǎ）"。

师：真好！读出韵味，简单地说，就是把那些押韵的字读得很有意味。那怎么样才能读得很有意味呢？读它的时候，把声音拖长一点儿，就行了。谁能找到第二句里的三个押韵的字？你来。

生：见（xiàn）。

师：不对。押韵的字叫韵脚，一般都在诗句的最后。你来。

生：苍。

师：对了。

生：茫。

师：对了。

生：羊。

师：对了。"苍、茫、羊"，找得很准。那你们能不能读出它的韵味呢？注意，要读出它的韵味，读的时候声音要拖长一点儿。来，你们一起读一读。

生：（齐读）"天苍苍，野茫茫，风吹草低见牛羊。"

师：太好了！你们想想，草原上的牛羊多不多？

生：多。

师：大家比较一下我的两种读法，看看哪一种读法让你们觉得牛羊多。第一种，见牛羊！（声音干脆）第二种，见——牛——羊。（声音拉长）一起说，哪一种？

生：（齐）第二种。

师：对啊，草原辽阔不辽阔？

生：辽阔。

师：哪一种读法让你们觉得草原更辽阔？请听——野茫茫！（快速干脆）野——茫——茫。（声音拉长）第几种？

生：（齐）第二种。

师：对呀，天蓝不蓝？

生：蓝。

师：哪一种读法让你们觉得天更蓝？请听——天苍苍！（快速干脆）天——苍——苍。（声音拉长）

生：（齐）第二种。

师：所以说这才叫韵味呀！来，宝贝们，把这首诗整体读一遍，要读出韵味。

（生拖长音齐读课文）

师：请台下的老师一起读一读。

（台下老师有韵味地朗读课文）

师：给老师们鼓掌！（掌声）好了，孩子们，这样读多好啊。现在，我要看你们谁的水平更高了。读古诗，除了读正确，读流畅，读得很美，还要读懂。诗中不太好理解的地方，我都给你们做了注释。看第一行注释，敕勒是什么意思？你们一起读一读。

（课件呈现）

> 注释：
> ①敕勒：我国古代一个民族的名称。
> ②敕勒川：敕勒族生活的大草原，现在内蒙古、山西北部一带。
> ③穹庐：蒙古包。
> ④四野：草原的四面八方。
> ⑤苍苍：蓝蓝的。
> ⑥茫茫：辽阔无边。

生：（齐读）"我国古代一个民族的名称。"

师：敕勒族是我国古代的一个民族，现在这个敕勒族已经没了。好，再看注释②，你们一起读一读。

生：（齐读）"敕勒川，敕勒族生活的大草原……"

师：敕勒族生活在一个大草原上，这个地方就是敕勒川。孩子们，"川"有两个解释，看看你们选择第一个还是第二个。第一个解释是河流，第二个解释是大草原。

生：第二个。

师：好聪明，都选择了大草原。请读注释③。

生：（齐读）"穹庐，蒙古包。"

师：好了，不用多解释。见过蒙古包吗？

生：见过。

师：蒙古包的顶是方的、平的，还是圆的？

生：圆的。

师：谁能告诉我，"天似穹庐"是什么意思？你来。

生：天很像蒙古包。

师：正确，但是那么大的天作者却说像一个小小的蒙古包，你觉得这个比方恰当吗？你说。

生：不恰当。

师：那应该怎么打比方才恰当？那怎么才能让人感觉"穹庐"比较大呢？你说。

生：读"穹庐"时，把声音拖长一点儿。

师：你来试试看。

生：天似穹庐。（音微长）

师：还不够长。

生：天似穹庐。（长音）

师：已经很长了。他这个方法很好，把那个"庐"的读音拖得长一点儿，就感觉这个蒙古包更大了。跟着我读"天似穹庐"。（"庐"拖长音）

生：（齐读）"天似穹庐"。

师：请问，这是个大的蒙古包还是小的蒙古包？

生：大的。

师：所以说这个天就像一个巨大无比的蒙古包。好，请看注释④，"四野"是什么意思？一起说。

生：（齐）"草原的四面八方"。

师：对了，"四"就是四面八方，"野"就是原野、草原。"四野"就是草原的四面八方。好，"苍苍"是什么意思？你说。

生："蓝蓝的"。

师：什么蓝蓝的？

生：天。

师：对。好，看最后一个注释。"茫茫"是什么意思？

生："辽阔无边"。

师：我问一下，谁见过大草原，能看到边吗？

生：看不到。

师：谁见过大海，能看到边吗？

生：看不到。

师：所以，看不到边我们就称为"茫茫"。好了，现在你们大概懂了这首诗的意思，懂了意思之后再读，效果会更好。这一次朗读，我希望你们能拿到 10 分的附加分。

生：什么意思？

师：你们刚才不是得了 120 分了吗？看你们能不能拿到这 10 分的附加分。这一次你们只要把那个"穹庐"读得很"大"，就能得到这 10 分。接下来，你们一起读一读。

（生齐读课文）

师：我正式宣布，你们的朗读水平已经达到 130 分了。其实还有 20 分，150 分是满分，想不想得？

生：（异口同声）想。

师：我们先得其中的 5 分。古人写诗词都是竖着写的，而且是从右边往左边写的，那你们还会读吗？

（课件呈现）

> 敕勒川，
> 阴山下，
> 天似穹庐，
> 笼盖四野。
> 天苍苍，
> 野茫茫，
> 风吹草低见牛羊。

生：会。

师：光说不练没有用，你们一起读一读。

（生齐读课文）

师：真好啊，得 5 分了！中国古代的诗歌是没有标点符号的，去掉标点符号后，你们还会读吗？

生：（齐）会。

师：真的？

生：（齐）真的。

师：好，那你们读一读没有标点符号的。

（课件呈现从右往左竖向排列且不带标点符号的《敕勒歌》）

生：（齐读）"敕勒川，阴山下……"

师：停，一张嘴就出口不凡，这5分你们已经得到了，140分了。还有10分，想得吗？

生：（齐）想。

师：请看大屏幕——（课件呈现从右往左竖向排列的繁体字版《敕勒歌》，且其中的繁体字呈红色）看到那些红色的字了吗？是什么字？大声说。

生：（齐）繁体字。

师：请问繁体字烦人不烦人？

生：很烦人。

师：我告诉你，你烦他，他就烦你，你要喜欢他，他就喜欢你。把这个读好就可以得5分，但是很难。大家一起读。

生：（齐读）"敕勒川，阴山下，天似穹庐，笼盖四野……"

师：停，你们已经得到5分了。不用读完，高手一出手，便知有没有，你们全都是高手。不要以为我好心，我还有更难的。剩下的5分敢不敢要？

生：（齐）敢。

师：看清楚了，这叫篆书，会读吗？

（课件呈现从右往左竖向排列的小篆体《敕勒歌》）

生：（齐）会。

师：不看上面的繁体字，会读吗？

生：（齐）会。

师："敕勒川"起。

（生齐读课文）

师：我正式宣布，你们得了149.5分。（生疑惑）还有0.5分，一般人得不了，因为考语文很少有人得满分。但是什么奇迹都有可能发生，如果你们愿意的话，那0.5分我还可以给你们，愿不愿意要？

生：（齐）愿意。

师：但是要得这0.5分比得前边的几十分还难，愿不愿意要？

生：（齐）愿意。

师：一起看大屏幕——

（课件呈现从右往左竖向排列的甲骨文《敕勒歌》）

观摩了赵志祥老师这个精彩的教学片段，我们先回答第一个问题，看看他是如何把握第一学段古诗的基本教学要求的。

第一，分层次引领学生朗读古诗。朗读不可能一蹴而就，需要层层递进，拾级而上。赵志祥老师在这个教学片段中把古诗朗读分成了四个层次。

第一个层次，读得正确（100分）。因为学生课前预习比较充分，所以赵志祥老师在这个层次上没有特别用力，这是从学情出发。

第二个层次，读出韵味（120分）。赵志祥老师告诉学生，把韵脚的读音拖长，就能读出韵味，学生很好地做到了这一点。

第三个层次，读出理解（130分）。赵志祥老师提供了一些注释，这很有必要。我们只有立足学情，实事求是，才能将制度课程转化为师本课程，最后转化为生本课程。赵志祥老师以"穹庐"为例，告诉学生读出理解就是把"穹庐"的读音拉长，表明那是一个巨大的、几乎没有边际的蒙古包。学生把这个效果读出来，说明理解到位了。

第四个层次，读得滚瓜烂熟（150分）。这个层次含有几个小层次，赵志祥老师在这部分教学中不断改变诗歌的呈现形式。比如，由熟悉的横排变成不常见的竖排，第一次竖排带标点符号，第二次竖排不带标点符号，第三次竖排出现繁体字，第四次竖排全部变成小篆，第五次竖排全部变成甲骨文。为什么要这样做？其实赵志祥老师是变着法让学生反复读，读到烂熟于胸，读到"使其言皆若出于吾之口"。读到这个程度，即使小篆、甲骨文学生并不认识，也不影响他们朗读，因为他们早已读得滚瓜烂熟了。

第二，搭建多种教学支架，引领学生朗读古诗。在这个教学片段中，赵志祥老师为学生精心设计、提供了一个教学支架群。

问题类教学支架。比如，赵志祥老师先用正常语速读"野茫茫"，再放慢语速读"野茫茫"，然后引导学生思考，哪种读法让人感觉草原更加辽阔。问题类教学支架穿插在整个朗读教学过程中。

范例类教学支架。最重要的范例就是教师自身的示范。赵志祥老师的朗读，为学生提供了良好的示范，学生耳濡目染，听着听着就懂了，听着听着就会了，听着听着就熟了。

信息类教学支架。赵志祥老师提供的直观形象的图片及关键注释等，都是信息类教学支架，这些支架能帮助学生把握这首诗的大意。

情境类教学支架。比如在第四个层次的熟读练习中，每一次陌生化的情境创设，目的都是激活学生朗读的欲望和兴趣，这种陌生化的情境创设对学生的吸引力是非常大的。

激励类教学支架。在整个教学过程中赵志祥老师不断给分，从100分到120分，到130分，最后到150分。而在130分到150分之间，又给出135分、140分、145分、149.5分，不断激励学生向着更高的朗读目标攀登。

现在回答第二个问题,我们看看赵志祥老师执教的《敕勒歌》是如何体现中国古典诗歌的基本特征的。前面已经说到,中国古典诗歌有三个基本特征:第一,韵律性;第二,抒情性;第三,意象性。

第一,韵律性。分层次、多形式的朗读教学贯穿始终。赵志祥老师在这个教学片段中运用的基本教学策略是朗读,这可谓大道至简。当然,朗读是分层次、多形式的。每一次朗读都有明确的要求,每一次朗读学生都读得兴致盎然、津津有味。在一次次朗读过程中,学生自然感受和体会到了《敕勒歌》这首诗的韵律之美。

第二,意象性。比如,赵志祥老师借助直观形象的图片,引导学生"看见"诗歌描绘的画面和场景。又比如,赵志祥老师通过对比式朗读,引导学生想象不同的朗读节奏所传递出的不同意境。读"穹庐",短促地读,画面感就比较弱,和诗歌意境不匹配;而放慢语速、声断气不断地读,画面感就比较强。以上种种,都是对诗歌意象的有效还原。

2. 在吟诵过程中引导学生领悟诗歌

有人可能会问,抒情性又是如何体现的?当然,在上面的教学片段中,我们已经感受到了抒情性。但是,在赵志祥老师的整堂课中,抒情性体现得最成功的是第二个教学片段,也就是吟诵这个板块。

下面,我们带着问题继续观摩:赵志祥老师是如何通过吟诵来凸显诗歌的抒情性的?

师:同学们先听我讲一个一千多年前的故事。
生:什么故事?
师:(课件呈现一千多年前的"中国地图")一千多年

前，我们的中国就有这么大，比现在大很多。那时候中国地图不像一只公鸡，而像一片桑叶。当时的中国被分成了许多小国，其中有一个是东魏，你们看见了吗？

生：（齐）看见了。

师：东魏有一个宰相，就是他——（课件呈现高欢的图片及姓名）他叫什么？

生：高欢。

师：有一天，他带领大军去讨伐西魏。你们看到西魏了吗？

生：（齐）看到了。

师：结果他打了败仗，在回去的路上，将士们都垂头丧气的，一点儿精神都没有。于是，高欢想，怎么样才能让士兵都像咱们二（1）班的孩子们一样有精神呢？他眉头一皱，计上心来。"斛律金何在？"（课件呈现斛律金的图片）斛律金大喊一声："末将在！"第一个字念"hú"。斛律金是复姓，他姓"斛律"，单名一个"金"字。斛律金是当时最有名的大将。高欢说："斛律金，你把将士们的士气全都给调动起来，但不许骂，不许打，更不许杀。"于是，斛律金走上山头，望着自己的家乡，望着远处的阴山，望着辽阔的草原，高声唱了一首歌。他唱完这首歌以后，将士们全都变得像你们一样精神抖擞。斛律金文武双全，不仅会说敕勒语，还会说汉语，于是他就把这首敕勒语的歌翻译成了汉语。这首歌从宋朝一直传唱到现在，虽然调不完全一样，但节拍都是一样的。现在，我就把一千多年前的节奏、节拍传授给你们，一般来说高中生才能学，六年级的学生学起来都有点儿费劲，二年级的你们敢不敢挑战？

生：（齐）敢。

师：真的？

生：（齐）真的。

师：请看大屏幕——

（课件呈现）

> **敕勒歌**
> | | —　　— — |　— | — —　| | | |
> 敕勒川，阴山下，天似穹庐，笼盖四野。
> — — —　|　— —　— — |　— | —
> 天苍苍，野茫茫，风吹草低见牛羊。

师：斛律金唱的那首歌就是《敕勒歌》，但是节奏和你们的不一样，我来告诉你们哪里不一样。看到横线了吗？

生：（齐）看到了。

师：伸出你的小手，看到横线就用手画横线，会吗？看到竖线了吗？聪明的你看到竖线就画竖线。看到叹号了吗？

生：（齐）看到了。

师：看到叹号就使劲这样（手用力向下划），你们可以两只手一起比画。现在，为了防止外面的高中生听见，我把话筒放下，单独教你们。（师放下话筒，一边小声读课文，一边进行动作教学）懂了吗？

生：（齐）懂了。

师：（边读课文边教动作）学会了吗？

生：（齐）学会了。

师：可以放开声音了吗？

生：（齐）可以。

师：伸出手！我一只手，你们两只手，开始。

（生边读课文边做动作）

师：哇，你们好聪明！我要是把节奏符号都去掉，你们还会这样读吗？（课件呈现未带节奏符号的《敕勒歌》）

生：（齐）会。

师：好，那你们再来读一读。

（生边读课文边做动作）

师：哇，真好！我把标点符号去掉可以吗？

生：（齐）可以。

（课件呈现：敕勒川阴山下天似穹庐笼盖四野）

师：看谁能读出"天似穹庐"的意境。现在，伸出你们的手，一边读一边比画。

（生边读课文边做动作）

（课件呈现：天苍苍野茫茫风吹草低见牛羊）

师：真了不起，再接再厉。继续。

（生边读课文边做动作）

师：太了不起了，孩子们！看大屏幕上的景色，一起告诉我，草原的天蓝不蓝？（课件呈现草原图）

生：（齐）蓝。

师：草原辽阔不辽阔？

生：（齐）辽阔。

师：你们要有感情地把这首诗读出来，最好能够像古人一样唱出来。想象一下，那天该有多蓝，那草原该有多辽阔，天和草原相接的地方、牛羊成群的地方，该有多么美呀！你们老师说你们可能会唱，你们会吗？

生：（齐）会。

师：我也会，敢不敢跟我比呀？

生：敢，谁怕谁！

师：哟，还谁怕谁，敢跟我比的举手。（多数学生举手）

是一个一个地跟我比,还是全班一起比?

生:一个一个比。

师:我告诉你们,我一唱,声音马上就跑到天上去了,你们就惨了。

(课件呈现从右到左竖向排列且不带标点符号的《敕勒歌》)

生:(齐)你先。

师:好吧,我是北方人,我们北方人唱歌声音特别嘹亮。现在比赛了,注意听,得尊重对手!(停顿)好,我开唱了——(吟唱)"敕勒川……见牛羊。"(掌声)

生:好好听。

师:好了,现在该你们了,请问是一个一个跟我比,还是全班一起比?

生:(热情高涨,纷纷回答)一个一个比。

师:谁来?(将话筒递给一名举手的男生)

生:(朗诵)"敕勒川,阴山下……"

师:你这不是唱。谁起个头,全班一起跟我比?(将话筒递给一名举手的女生)

生1:(吟唱)"敕勒川——"(掌声)

师:站好。(手指该女生)不比了。(笑声)什么?你说什么?

生:(纷纷说)你认输了。

师:我没认输,但我不比了。孩子,你把它完整地唱完,来。

生1:(吟唱)"敕勒川……见牛羊。"(掌声)

师:你的声音就像草原的空气一样令人着迷。

这个教学片段以吟诵教学为主,同样非常精彩。赵志祥老师是如何通过吟诵凸现诗歌的抒情性的?

第一,以故事吟诵的直观方式渲染诗歌的情感基调。赵志祥老师为学生生动精彩地讲述了《敕勒歌》的诞生过程,在故事讲述的过程中,自然渲染了这首诗的情感基调。当战士们因为战事失利垂头丧气的时候,正是斛律金唱的这首《敕勒歌》,激发了将士们对家乡深深的思念和依恋之情,军心为之一振。故事直观,效果理想。

第二,以具身吟诵的直观方式强化诗歌的情感氛围。什么叫具身?就是借助身体来帮助认知、促进体验。赵志祥老师引导学生看符号打手势,去掉符号打手势,就是让学生具身吟诵,以此进一步强化诗歌的情感氛围。

第三,以表演吟诵的直观方式表达诗歌的情感倾向。在教学过程中,学情在变化,赵志祥老师非常机敏地根据学情做出了调整。无论是他个人的表演,还是最后学生的表演,都把诗歌的情绪氛围渲染得淋漓尽致。这时,教师已经无须多言,学生以情悟情,以心契心,完全沉浸在辽阔苍茫、大美无形的诗歌意境中。对于二年级的学生来说,能到达这样的境界,实属不易。

通过观摩赵志祥老师执教的《敕勒歌》教学片段,我们可以得出一个基本结论:古诗教学必须以诵读为本,因为诵读可以复活古诗的韵律、意象和情感。就教学策略而言,朗读与吟诵各有优势。如果能实现朗读与吟诵的和谐统一,那必将是古诗教学的一大福音,也必定是古诗教学的最美状态。

(赵莹、胡珍群根据讲座视频整理,有改动)

第十讲

如何在还原意象中开掘古诗的文化意蕴
——以王崧舟《墨梅》课堂教学为例

第十讲的主题是"如何在还原意象中开掘古诗的文化意蕴",以我本人执教的《墨梅》课堂教学为例。

一、还原意象和文化意蕴

看到本讲的题目,您一定会关注到两个关键词,第一个是"还原意象",第二个是"文化意蕴"。

我们先来看第一个关键词——"还原意象"。什么是意象?余光中先生在《论意象》中指出:"所谓意象,即是诗人内在之意诉诸外在之象。"[1]这是从创作的角度来讲。从阅读的角度来讲,意象就是读者根据外在之象还原诗人的内在之意。可以说,意是诗人主观的情感思想,象是外在于诗人的物象、形象,而意象是主观和客观的统一,是心象和物象的统一。

为什么古诗教学要抓意象呢?孙绍振先生在《孙绍振谈古典诗歌分析基础:意象篇》中曾指出:"面对一个诗歌文本个案,应该从'意象'开始。在最简单、最平常的意象背后,往往有最为深邃奥秘的情意。"[2]我们都知道,意象是中国古典诗歌的细胞,是最基本的建

---

[1] 余光中. 余光中散文选集(第 1 辑)[M]. 长春:时代文艺出版社,1997:25.
[2] 孙绍振. 孙绍振谈古典诗歌分析基础:意象篇[J]. 现代语文,2012(8):6.

筑材料。所以，离开意象谈古典诗歌的教学，无疑是缘木求鱼，水中捞月。

什么是还原意象呢？意象是意和象的统一体，象是看得见的，但意是看不见的，意在象中，象为意显。通过看得见的象，去触摸、感悟看不见的意，进而体会这个意象所具有的普遍象征意义，就是还原意象。

第二个关键词是"文化意蕴"。什么是文化？余秋雨先生在《何谓文化》中指出："文化是一种包含精神价值和生活方式的生态共同体。它通过积累和引导，创建集体人格。"[①]文化指的是一种生态共同体，其中包含着精神价值，也包含着生活方式，而文化最集中的体现就是集体人格，也就是在一个生态共同体中所有成员都拥有的某种人格。

文化对我们每个人来说意味着什么呢？王充闾先生在《文脉：我们的心灵史》中指出："文化是一个民族的根脉、血脉与命脉，是人类心灵栖息的家园。"[②]我们肉体的生存需要一个物理家园，我们心灵的生存则需要一个精神家园，这个精神家园就是文化。

文化是有层次的，它至少可以分为三个层次：第一个是物质层次，这是看得见、摸得着的；第二个是制度层次，包括各种政治制度、经济制度、社会制度等；第三个是精神层次，包括价值观念、道德规范、宗教信仰、思维方式、审美趣味等。我们讲的文化意蕴就属于文化的精神层次，甚至可以说文化意蕴是文化最深层的意义。它看不见摸不着，但又无处不在、无时不有。它深刻地影响着我们每个人的生存方式、生活状态和生命质量。所以，文化意蕴其实是文化最核心的东西，是文化的灵魂。

---

① 余秋雨. 何谓文化 [M]. 武汉：长江文艺出版社，2012: 6.
② 王充闾. 文脉：我们的心灵史 [M]. 北京：北京大学出版社，2019: 3.

二、《墨梅》的不同版本

理解了这两个关键词之后,我们来看看这一讲的课例——统编小学语文教科书四年级下册第 21 课《古诗三首》中的《墨梅》。

需要说明的是,统编教材从刚开始推行到现在全面使用,其内容在不断调整与完善。比如,在 2018 年版与 2019 年版的教材中,《墨梅》的内容是有差异的。2018 年版是"我家洗砚池边树",而 2019 年版则是"我家洗砚池头树";2018 年版是"不要人夸颜色好",2019 年版则是"不要人夸好颜色"。其实,这两个版本都还是有问题的。我查到的最早的《墨梅》版本是在王冕的画作中:

吾家洗砚池头树,个个花开淡墨痕。
不要人夸好颜色,只流清气满乾坤。

我们看上面的诗句。"吾家洗砚池头树",不是"我家",是"吾家";"个个花开淡墨痕",不是"朵朵",是"个个";"不要人夸好颜色,只流清气满乾坤","流"是流动、流布、流天澈地的意思,和"满乾坤"的"满"相呼应,但后来变成了"留下"的"留"。我们从整首诗的意境和内涵来看,"流"应该更准确。

第二个版本略有不同。有人把王冕一生所写的诗整理成集,并取名为《竹斋集》。《竹斋集》被收录于《钦定四库全书·集部》中,其中的《墨梅》是这样的:

我家洗砚池头树,个个花开淡墨痕。
不要人夸好颜色,只留清气满乾坤。

"吾家洗砚池头树"的"吾"变成了"我","个个花开淡墨痕"

没有变,"不要人夸好颜色"没有变,"只流清气满乾坤"的"流"变成了"留"。这个版本传播得比较广,也是一个比较权威的版本。

第三个版本在第二个版本基础上又有一些小的变化。这个版本被收录于上海辞书出版社1994年出版的《元明清诗鉴赏辞典》,内容如下:

我家洗砚池头树,朵朵花开淡墨痕。
不要人夸颜色好,只留清气满乾坤。

无论是王冕画作版的《墨梅》,《竹斋集》诗集版的《墨梅》,还是上海辞书出版社的《墨梅》,和现在统编教材中的两个版本还是有区别的。我认为从学术的角度来说,统编语文教材还需要再做调整。

三、课文解读

我执教的《墨梅》用的是2018年版的教材(当时,2019年版的教材还未出版)。现在,我们就用这个版本展开文本细读。

墨 梅
〔元〕王冕

我家洗砚池边树,朵朵花开淡墨痕。
不要人夸颜色好,只留清气满乾坤。

我认为,王冕的这首诗中实际上藏着三种不同的梅花,而每一种梅花都有一个关键意象,这些意象所承载的文化意蕴需要我们来开掘。

"我家洗砚池边树"写的是"家中梅",是王冕自家种的梅花。他的"家中梅"种在哪里呢?这里就有一个关键意象——洗砚池。为什么王冕家的梅花种在洗砚池边?要知道,这个"洗砚池"可不是一个简单的地名,我们不能简单地理解为洗砚的池塘,这其实是一个与王羲之有关的典故。

王羲之的家门外有一口池塘,他在练习书法的过程中要不断洗笔、洗砚,洗到后来,那口池塘的水都变黑了,可见王羲之练习书法是非常勤奋、刻苦的。如今,王羲之的故居都留有王羲之的墨池,即"洗砚池"。

王冕说"我家洗砚池边树",他的梅花种在洗砚池边,其实是有文化意蕴的。王羲之"临池学书,池水尽黑",这种刻苦勤勉,已经成为一种文化意蕴。这个文化意蕴不是直接说出来的,而是借助洗砚池这个意象暗示出来、传递出来的。

另外,无论是王羲之还是王冕,他们都"沉醉翰墨,寄情丹青",生活得非常高雅。尤其是王冕,一生拒绝做官,拒绝出仕,远离世俗纷争,远离荣华富贵,这是"洗砚池"的另一层文化意蕴。

"朵朵花开淡墨痕"写的是"画中梅"。很显然,这已经不是在写真实的梅花了,因为真实的梅花不可能是淡墨色的。这个"画中梅"也有一个关键意象,就是"淡墨痕"。这个意象背后又承载着什么样的文化意蕴呢?其实,王冕这样画是在表明一种人生态度——淡泊名利,超越功利。王冕极有个性,他画梅花不追求漂亮,他笔下的梅花一律是墨色的。从表面上看,这是画风的不同,背后其实是生命境界的不同。

"不要人夸颜色好,只留清气满乾坤"写的很显然既不是"家中梅",也不是"画中梅",而是"心中梅",是王冕心中的理想之梅、人格之梅。"心中梅"的关键意象,也是整首诗的关键意象,就是"清气"。"清气"既在传递一种道德品格——"冰清玉洁,光明磊落"，也在表达一种高尚气节——"清明旷达，坚守节操"。

四、课例观摩

《墨梅》这首诗有上述关键意象，通过还原这些意象开掘其背后的文化意蕴，是学生学习《墨梅》的重要目标。

那么，如何还原意象呢？学生能不能体悟到意象背后的文化意蕴呢？能体悟到哪个层次呢？

《墨梅》这堂课用时一个小时左右，一共包含三大板块。第一个板块是整体感知，梳理《墨梅》这首诗的内容，即三种不同的梅花。第二个板块是分类品读，还原意象。品读每一种梅花，并通过还原其关键意象，让学生体悟到意象所承载的文化意蕴。最后一个板块是整体回归，升华意象。诗格是人格，人格是诗格；王冕是墨梅，墨梅是王冕。我希望通过本节课的教学学生能够明白，这样的写法叫"托物言志"。

毫无疑问，核心板块就是"分类品读，还原意象"，而这个板块又分成三个教学环节：第一个环节是引经据典，品读"家中梅"；第二个环节是知人论世，品读"画中梅"；第三个环节是互文参照，品读"心中梅"。

下面，我们就分别观摩这三个环节。我们一边观摩一边思考：在每个环节中，这些关键意象是如何被还原的？学生是如何体悟到这些意象所承载的文化意蕴的？

1. 引经据典，品读"家中梅"

接下来，我们先来观摩第一个环节：引经据典，品读"家中梅"。

师：我们一起来看看第一句"家中梅"。谁来读一读

"家中梅"？注意，我问你读，你得留心老师怎么问，想想应该怎么读。请问，这是谁家的梅花？读。

生："我家洗砚池边树"。（重读"我家"）

师：当你读到"我家洗砚池边树"的时候，你心里是什么感觉？

生：很自豪。

师：很自豪的感觉。请你带着自豪的感觉读一读。

生：（朗读）"我家洗砚池边树"。

师：孩子，你遇到过让你自豪的事吗？什么事曾经让你特别自豪？

生：我画画画得很好，我妈妈夸奖我的时候我很自豪。

师：你被妈妈夸赞过，那个时候有什么感觉？

生：很自豪。

师：就是这种感觉，带着这种感觉再读。

生：（自豪地）"我家洗砚池边树"。

师：我们一起来读。

生：（齐读）"我家洗砚池边树"。

师：自豪啊！不是张家的，不是王家的，不是李家的，是谁家的？

生：（齐）我家的。

师：我们再来读一读。

生：（齐读）"我家洗砚池边树"。

师：孩子们，我们继续。我的问题不一样了，你们注意听，想想当我这样问的时候该怎么读。请问，我家的梅花在哪里？

生：（朗读）"我家洗砚池边树"。（没有重读"池边树"）

师：再明确一点，我家的梅花在哪里？

生：（朗读）"我家洗砚池边树"。（重读"池边树"）

师：可以。你来，我家的梅花在哪里？

生：（朗读）"我家洗砚池边树"。（重读"池边树"）

师：真好，再明确地告诉所有人，我家的梅花在哪里？

生：（朗读）"我家洗砚池边树"。（重读"池边树"）

师：我们一起来。

生：（齐读）"我家洗砚池边树"。

师：我家的梅花种在洗砚池边。但是，据我所知，一般人种梅花，不是种在花圃里，就是种在庭院里。然而，王冕却把自家的梅花种在了哪里？

生：（自由回答）洗砚池边。

师：猜猜看，他为什么不种在花圃里？他为什么不种在庭院里？他为什么偏要种在洗砚池边？

生：我猜每次王冕洗砚的时候，看到梅花就很开心。

师：他到洗砚池边去洗笔时看到梅花就会觉得很高兴、很开心，是吧？可以放松放松心情，是这意思吧？有这种可能。继续猜——

生："朵朵花开淡墨痕"，他种在洗砚池边的花有一点儿淡淡的墨痕，他认为这样更好看。

师：你的意思是，洗砚池的水是淡墨色的，所以——

生：开出来的花也是淡墨色的。

师：这是高科技啊！孩子！（笑声）按照你这个逻辑，如果洗砚池的水是绿色的话，开出来的梅花也该是绿色的，是吗？（生摇头）如果洗砚池的水是紫色的，开出来的花也该是紫色的，是吗？（生摇头）这个逻辑好像不成立哦！继续猜——

生：王冕不甘心将自己的梅花和其他梅花种在一样的

地方。

师：他就是要与众不同！人家把梅花种在花圃里，我就不种在花圃里；人家把梅花种在庭院里，我就不种在庭院里。那么，王冕就喜欢把梅花种在哪里？

生：种在洗砚池边上。

师：你觉得王冕——

生：王冕不甘心和其他人做同样的事情。

师：有点儿意思！好了，孩子们把手放下。所有猜测都需要根据，现在我给你们提供一个重要的信息，一起看。

（课件呈现）

> "洗砚池"位于山东省临沂市王羲之故居内。传说东晋大书法家王羲之从小刻苦练字，经常到池塘边洗刷笔砚，结果池塘的水都被染黑了。
>
> 王冕说他家有洗砚池，意思是自己也要像王羲之那样勤奋刻苦。

师：默读一分钟，读懂的同学举手示意。

（生默读）

师：读懂的同学，请举手！说说看，你们都读懂了什么。

生：我读懂了王冕说他有洗砚池，意思是他要像王羲之一样勤奋。

师：孩子们，你们读懂这一点了吗？读懂的同学请举手。

（生纷纷举手）

师：你确实读懂了吗？（生点头）王冕姓什么？

生1：姓王。

师：王羲之姓什么？

生1：也姓王。

师：王冕家有什么？

生1：王冕家有洗砚池。

师：王羲之家有什么？

生1：也有洗砚池。

师：王羲之家的洗砚池，水都被染黑了，说明王羲之练习书法非常——

生1：勤奋。

师：非常——

生1：刻苦。

师：好。王冕把自家的梅花种在洗砚池边，表明他要向谁学习？

生1：要像王羲之一样。

师：学习王羲之的什么？

生1：勤奋刻苦。

师：勤奋刻苦。孩子们，都懂了吗？懂了的同学请举手。

（生纷纷举手）

师：其实，学画是很苦的。画着画着就腰酸了，画着画着就背疼了，画着画着就手麻了。这个时候，王冕家的那口洗砚池仿佛在对王冕说什么呢？

生：仿佛要对王冕说——

师：请你直接对王冕说："王冕啊王冕——

生：王冕啊王冕，你要像王羲之一样刻苦勤奋。

师：王冕听到了，王冕也听懂了，他没有怕苦，继续练画。但是，学画画毕竟还是很单调、很枯燥的，画画哪有玩游戏好玩啊？你们一定不会忘记，儿童散学归来早——

生：（齐）忙趁东风放纸鸢。

师：放风筝多好玩啊！你们一定不会忘记，蓬头稚子学垂纶——

生：（齐）侧坐莓苔草映身。

师：钓鱼多好玩啊！你们一定不会忘记，儿童急走追黄蝶——

生：（齐）飞入菜花无处寻。

师：追蝴蝶多好玩啊！王冕真想出去玩啊！就在这个时候，他家的那口洗砚池又说话了："王冕啊王冕——

生：王冕啊王冕，你一定要刻苦练画，这样才会有收获。

师：王冕听到了，王冕也听进去了。他画画很勤奋，很刻苦。但小有名气后，他有点儿得意。这个时候，王冕家的洗砚池又开口说话了："王冕啊王冕——

生：王冕啊王冕，不要骄傲，骄傲会让你落后，人要活到老、学到老。

师：明白了，虚心使人进步，骄傲使人落后。孩子们，王冕把自家的梅花种在洗砚池边，背后竟有这样的玄机。我们再一起来读一读这"家中梅"，感受感受洗砚池对王冕的提醒和鼓励。

生：（齐读）"我家洗砚池边树"。

这是还原"家中梅"的意象——"洗砚池"，我是怎么还原的呢？

第一步，还原常态，发现矛盾。所谓还原常态，就是让学生联想一般情况。一般情况下，人们种梅花，要么种在庭院，要么种在花圃，这就是常态。之后，请学生将这个常态和王冕的"异态"进行比较，发现二者之间的矛盾，引导学生思考：为什么王冕要把梅花种在洗砚池边呢？

第二步，引导猜想，激发期待。学生猜中也好，猜不中也罢，都不要紧。引导学生猜想的主要作用，就是不断引发学生想要知道最终答案的那种期待。从某种程度上讲，这也是在制造一种悬念：我猜得到底对不对呢？最终结果是不是像我猜想的那样呢？

第三步，提供典故，揭示意蕴。我把与洗砚池有关的典故告诉学生，帮助他们了解洗砚池背后的意蕴。但是，这还不够，因为这样的理解停留于表面，学生仅仅是"知道"而已。这种理解还没有和学生的生活经验、认知体验建立连接，依然是表面的、肤浅的。

第四步，想象情境，体悟意蕴。我在课堂上将洗砚池拟人化了，创设了一个洗砚池和王冕对话的情境。王冕练画，练着练着突然觉得太枯燥了，不想练了，这个时候洗砚池和他对话；王冕继续练画，练着练着又觉得烦了、无趣了，这个时候洗砚池继续和他对话；王冕练画练到了一定的水平、有了一定的名气之后，有点儿得意，洗砚池又和他对话。我在这个教学片段中融入了学生熟悉的生活经验和认知体验，引导学生对洗砚池的意蕴形成个体性的、建构性的理解。

从还原常态、发现矛盾开始，到想象情境、体悟意蕴为止，我们将这样一个还原的过程称为"象征还原"。我们知道，洗砚池在这里不是一个具体的地方，不是一个简单的场所，它具有某种特定的象征意义。我们需要提供典故，引导学生结合生活经验，将其还原出来。

2. 知人论世，品读"画中梅"

接下来，我们进入第二个环节：知人论世，品读"画中梅"。我们一起看一看，在这个环节中，我运用了哪些还原策略来引导学生体会"画中梅"的文化意蕴。

（课件呈现：《墨梅图》和文字"朵朵花开淡墨痕"）

师：看，这就是王冕画的梅花。谁来读？

生：（朗读）"朵朵花开淡墨痕"。

师：来！孩子们看大屏幕——

（生观看课件）

师：你们现在看到的就是墨梅。而且，我可以很负责任地告诉大家，这幅《墨梅图》就出自王冕之手。这幅画被北京故宫博物院收藏，是国宝啊！现在，请你仔细欣赏，一朵一朵地欣赏。你看到的梅花是什么颜色？

生：我看到的梅花是黑色的。

师：黑色？换一个更准确的词语。

生：嗯……

师：（提示）王冕的诗中就有一个词语是形容梅花的颜色的。

生：是淡墨色。

师：淡墨色。那你看到的梅花是什么颜色？

生：灰色的。

师：这是她看到的那一朵梅花的颜色。我们继续欣赏，说说你看到的那一朵梅花又是什么颜色。

生：也是淡墨色。

师：继续，说说你看到的那一朵梅花是什么颜色。

生：我觉得是淡墨中带着一些深墨。

师：你看得非常仔细，总体上说，这样的颜色还是——

生：（齐）淡墨色。

师：继续，说说你看到的那一朵梅花是什么颜色。

生：黑色中带点儿灰色。

师：其实，你们看到的梅花都是什么颜色？

生：（齐）淡墨色。

师：问题又来了！王冕是画家，是画梅高手，他怎么可能不会用颜色呢？我们知道，有的梅花是红色的，你们看到过吧？（个别学生回答"看到过"）有的梅花是白色的，你们也看到过吧？对呀！他为什么不用红色呢？那多鲜艳啊！他为什么不用白色呢？那多亮丽啊！王冕用的是什么颜色？

生：（齐）淡墨色。

师：为什么？（稍顿）猜猜看。

生：他想让我们体会出他学习时的刻苦，也想让我们学习他的刻苦。

师：连说了两个"刻苦"。你的意思是说，画淡墨色能够让我们感受到他的刻苦，是吧？（生点头）那么，我想问问你，画成红色我们就不能感受到他的刻苦了吗？画成白色也不行吗？（生面露疑惑）孩子，你再想想。其他同学继续猜。

生：我觉得，他的梅花是种在洗砚池边上的，池里的水都是黑色的，所以他觉得自己的梅花也应是黑色的，他有那种练习画梅的坚韧不拔的精神。

师：这是什么逻辑？我好像没听懂！你的意思是——

生：他洗了很多次笔，所以池子里的水是淡墨色的。

师：你的意思是，毛笔没洗干净，所以画出来的梅花是淡墨色的？

生：不是！他洗了很多次笔，所以池子里面的水都变成淡墨色了。他之所以把梅花画成淡墨色，是因为他练习画梅花很刻苦，他觉得自己画的梅花也能反映这种刻苦的精神。

师：我好像听懂了。因为王冕学画非常刻苦，所以洗砚池的水都成了淡墨色。因为淡墨色能反映出王冕的刻苦，所以他把自己的梅花也画成淡墨色。将梅花画成淡墨色，是为了表现自己的刻苦勤奋，是吧？

生：是的！

师：看来，洗砚池留给你们的印象真的是很深很深啊！好，这是一种可能。我们继续猜，还有没有别的可能？

生：我觉得他总想跟别人不一样，别人将梅花画成红色、白色，他偏偏就要画成淡墨色的。

师：好的，他就是要跟其他人不一样，你们画红色我就不画红色，你们画白色我就不画白色，我就画淡墨色。你们把梅花种在花圃里，把梅花种在庭院里，我就要种在洗砚池边。但是，我们现在知道，他之所以把梅花种在洗砚池边，那是表明他要向谁学习？

生：王羲之。

师：向王羲之学习。而他把梅花画成淡墨色，可能还有更深的用意。我给大家找了一份重要的资料。仔细看，一句一句地看。

（课件呈现）

> 史书记载，王冕的朋友李孝光想推荐王冕去做府吏，被他拒绝了。
>
> 史书记载，王冕的老友泰不华多次举荐王冕为官，被他拒绝了。
>
> 史书记载，王冕的老师王艮劝他做官，被他拒绝了。
>
> 史书记载，元朝的达官贵人不惜重金向王冕求画，被他拒绝了。
>
> 史书记载，明朝开国皇帝朱元璋想重用王冕，他以出家为由拒绝了。

师：孩子们，课件中一共有五句话，每句话的开头都是四个字——

生：（齐）"史书记载"。

师：这表明，这些话都是事实。而这五句话中，每句话的结尾都是一个词——

生：（齐）"拒绝"。

师：大声地读。

生：（大声地）"拒绝"。

师：坚定地读。

生：（坚定地）"拒绝"。

师：请我做府吏，拒绝；用重金购买我的画，拒绝；想要重用我，拒绝。你们说王冕傻不傻？

生：我觉得他本来是想答应的，但是他想到自己要像王羲之一样刻苦，就拒绝了。

师：为了想要刻苦拒绝了？继续猜。

生：他喜欢画梅花，他要向梅花学习，而梅花的生活是比较苦的，达官贵人的生活是非常奢华的，所以他不肯去做官，他不肯过那种生活。

师：向梅花学习，不畏艰难，不怕吃苦。继续猜。

生：我觉得他是想学习王羲之的谦虚，所以他就拒绝了。

师：保持低调，不想张扬。继续猜。

生：我觉得他是想保持自己的高风亮节，一生都不想去做官。

师：孩子，请你再说一遍，王冕为什么一次次地拒绝？

生：是因为王冕想保持自己的高风亮节，一生都不想去做官。

（听课老师发出惊叹声，师生纷纷鼓掌）

师：她说了两点：第一，要保持自己的高风亮节；第二，不想去做官。我很惊讶，也很好奇，你是怎么知道的？

生：我之前了解过王冕。

师：你了解过王冕？你是通过什么途径了解的？上网查资料还是问爸爸妈妈？你是怎么了解的？

生：都有。

师：多管齐下。是的，元朝末年，朝廷腐败，官场黑暗，官员鱼肉百姓，欺压民众，王冕看到这样的朝廷、这样的官场，他还愿不愿意去做官？

生：不愿意。

师：王冕不想跟那些官员同流合污，这叫"清"，清清白白的"清"。王冕追求自由独立，不想随波逐流，不想被世俗的荣华富贵所束缚，这叫"高"，高风亮节的"高"。一个"清"，一个"高"，合在一起就叫——

生：（齐）清高。

师：孩子们，这就是王冕的为人——清清白白，高风亮节。明白了这一点，我们就会发现，原来这样的人生志向就藏在他的《墨梅》中。我们一起读。

生：（齐读）"朵朵花开淡墨痕"。

师：再读。

生：（齐读）"朵朵花开淡墨痕"。

师：谁能结合我们对王冕这个人的了解，给这个"淡墨痕"的"淡"组个词？

生：我想到的是"清淡"。

师：清清白白做人，就是"清淡"。还有吗？

生：我想到的是"淡雅"。

师：不追求世人眼中的荣华富贵，这叫"淡"；一生爱梅、画梅，向梅花学习，这叫"雅"。还有吗？

生：平淡。

师：平平淡淡才是真啊！我也送给大家一个词语，如果你们愿意，可以把它记下来。（板书：淡泊）来！我们一起读。

生：（齐读）"淡泊"。

师：再读。

生：（齐读）"淡泊"。

师：我再加一个词。（板书：名利）一起读。

生：（齐读）"淡泊名利"。

师：请我做府吏，拒绝！这就叫——

生：淡泊名利。

师：请我当官，拒绝！这就叫——

生：淡泊名利。

师：用重金购买我的画，拒绝！这就叫——

生：淡泊名利。

师：现在我们知道了，王冕画梅花之所以不用红色，不用白色，偏要用淡墨色，是因为这背后有他的人生志向和信仰。

这里的关键意象就是"淡墨痕"。从表面上看，这是画风的不同，是色彩的不同，其实背后隐含着不同的态度和信仰。那么，如何把这个意象还原出来呢？

第一步，还原常态，发现矛盾。大多数人画梅花，要么把它画成红色，要么把它画成白色，这是常态；但是，王冕画的梅花却是"朵朵花开淡墨痕"，"淡墨色"就是"异态"。常态和"异态"就构成了一对矛盾。

第二步，引导猜想，激发期待。这一步和品读"家中梅"的第二步一模一样，我要引导学生猜想，充分激发学生的期待。每个学生的猜想都有他们自己的逻辑，都有价值。

第三步，知人论世，了解意蕴。我引导学生通过历史文献资料，聚焦王冕的五次"拒绝"，进而体会王冕的人生追求与信仰。这部分内容其实难度是比较高的，学生的理解是分不同层次的。当然，最后那位学生特别厉害，她课前做了比较充分的预习，对王冕的生平事迹有所了解，所以她就懂得，王冕几次拒绝是为了保持自己的高风亮节。

第四步，联结意象，把握意蕴。最后，我把"淡墨痕"和王冕的品格联结起来，让学生组词。清淡也好，淡雅也好，淡泊名利也好，这些意蕴都可以和"朵朵花开淡墨痕"联结在一起。最终，学生体会到了"淡墨痕"这个诗歌意象的文化意蕴。

与上一个环节不同，我们将这里的还原策略称为"背景还原"。换句话说，我们要知人论世，了解王冕当时所处的环境及具体生活状况，以及他在生活中所表现出来的生活态度。这些都是"背景"，一旦"背景"被还原出来，那么对意蕴的把握也就水到渠成了。

3. 互文参照，品读"心中梅"

最后一个环节是互文参照，品读"心中梅"。"心中梅"的关键意象毫无疑问是"清气"。那么，"清气"这个意象我又是怎么还原的呢？我们继续观摩。

师：王冕说，他在乎的不是梅花颜色的好坏，他在乎的是什么？（个别学生回答"清气"）大声地说。

生：（齐）清气。

师：（板书：清气）把"清气"这个词圈出来。

（生圈画"清气"）

师：一起读这个词。

生：（齐读）清气。

师：再读。

生：（齐读）清气。

师：是的，清气！但是据我所知，写梅花的人写得更多的是梅花的香气。比如这一句——

> （课件呈现：数点梅花满院香。——［宋］钱时《睡醒即事》）

生：（朗读）"数点梅花满院香"。

师：几朵梅花，却带来了满院的香气。梅花香不香？

生：（齐）香。

师：一起读。

生：（齐读）"数点梅花满院香"。

师：再比如——

> （课件呈现：梅花夜开香满溪。——［明］止庵《月夕看梅》）

生：（朗读）"梅花夜开香满溪"。

师：白天梅花是香的，晚上梅花也是香的，这叫全天候的香。梅花香不香？

生：（齐）香。

师：一起读。

生：（齐读）"梅花夜开香满溪"。

师：再比如——

> （课件呈现：梅花至老香犹在。——［宋］胡仲弓《寄适安》）

生：（朗读）"梅花至老香犹在"。

师：梅花都已经老了，快要枯萎了，但是香气依然还在。梅花香不香？

生：（齐）香。

师：一起读。

生：（齐读）"梅花至老香犹在"。

师：再比如——

> （课件呈现：落尽梅花尚有香。——［宋］杨万里《寒食相将诸子游翟得园十诗》）

生：（朗读）"落尽梅花尚有香"。

师：梅花已经完全凋谢了，但是枝头还有它的香气。梅花香不香？

生：（齐）香。

师：一起读。

生：（齐读）"落尽梅花尚有香"。

师：再比如——

> （课件呈现：半夜梅花入梦香。——［宋］戴复古《觉慈寺》）

生：（朗读）"半夜梅花入梦香"。

师：人在清醒的时候闻到梅花的香气还不算稀奇，但是，晚上睡着了，香气居然进入了梦乡。你们说，梅花香不香？

生：（齐）香。

师：一起读。

生：（齐读）"半夜梅花入梦香"。

师：我查了一下，据不完全统计，100首写梅花的诗，至少有65首会写它的香气。但是，王冕写的是什么？

生：（齐）清气。

师：是的！王冕写的是清气，不是香气。这是为什么呢？大家先小组讨论，各抒己见，畅所欲言，看一看，香气和清气究竟有哪些不同。讨论了，明白了，达成共识了，再把课件中的空格填一下。

（课件呈现）

---

1. 香气写的是花，清气写的是（　　）。
2. 香气是鼻子闻出来的，清气是（　　）品出来的。
3. 香气每个人都能闻到，清气只有（　　）的人才能品到。
4. 香气不过是一种自然现象，清气则是一种（　　）品质。

（生交流讨论）

师：看到大家讨论得如此热烈，如此认真，老师很感动，也很欣慰。很显然，你们一定已经发现了香气和清气的不同。第一点，谁来说？

生：我觉得香气写的是花，清气写的是人。

师：没错，一个写花，一个写人。第二点——

生：香气是鼻子闻出来的，清气是心品出来的。

师：是的，一个用鼻子，一个用心灵。第三点——

生：香气每个人都能闻到，清气只有品质高尚、淡泊名利的人才能品到。

师：还有不一样的说法吗？

生：我觉得香气每个人都能闻到，清气只有谦虚的人才能品到。

生：香气每个人都能闻到，清气只有刻苦的人才能品到。

师：孩子们，我们将谦虚、刻苦、淡泊名利、品质高尚的人称为高洁的人。王冕写清气而不写香气，理由四——

生：香气不过是一种自然现象，清气则是一种高尚的品质。

（课件呈现）

---

1. 香气写的是花，清气写的是（人）。
2. 香气是鼻子闻出来的，清气是（心灵）品出来的。
3. 香气每个人都能闻到，清气只有（高洁）的人才能品到。
4. 香气不过是一种自然现象，清气则是一种（精神）品质。

师：现在我们终于明白了香气和清气的不同。香气写的是花——

生：（齐）清气写的是人。

师：香气是鼻子闻出来的——

生：（齐）清气是心灵品出来的。

师：香气每个人都能闻到——

生：（齐）清气只有高洁的人才能品到。

师：香气不过是一种自然现象——

生：（齐）清气则是一种精神品质。

师：孩子们，王冕就是这样的人！他一身清气，所以，当那些达官贵人拿着重金想要购买他的画作时，王冕用这样的诗回应他们——

（课件呈现）

> 疏花个个团冰雪，羌笛吹他不下来。
> ——［元］王冕《素梅四八》
>
> 我的素梅凌寒绽放，一个一个冰清玉洁；
> 不管羌笛如何吹奏，我的素梅永不凋谢。

生：（朗读）"疏花个个团冰雪，羌笛吹他不下来"。

师：王冕说，我的素梅凌寒绽放——

生：（朗读）"一个一个冰清玉洁"。

师：王冕说，不管羌笛如何吹奏——

生：（朗读）"我的素梅永不凋谢"。

师：我们知道，这里的素梅象征谁？

生：（齐）王冕。

师：而这里的羌笛，指的就是那些达官贵人。他们想拿重金买画，但是王冕知道他们的钱不干净，所以他拒绝了！这叫清气。我们一起读。

生：（齐读）"疏花个个团冰雪，羌笛吹他不下来"。

师：王冕就是这样的人！他一身清气，所以，当他的老友、老师一再劝他出来做官，王冕用这样的诗回应他们——

（课件呈现）

> 平生固守冰霜操，不与繁花一样情。
> ——［元］王冕《素梅十九》
>
> 当百花凋零的时候，素梅不畏严寒独自绽放；
> 当百花盛开的时候，素梅零落成泥心如冰霜。

生：（朗读）"平生固守冰霜操，不与繁花一样情"。

师：王冕说，当百花凋零的时候——

生：（朗读）"素梅不畏严寒独自绽放"。

师：王冕说，当百花盛开的时候——

生：（朗读）"素梅零落成泥心如冰霜"。

师：我们知道，这里的素梅象征谁？

生：（齐）王冕。

师：而这里的繁花，就是世人眼中的荣华富贵。多少人为了荣华富贵争得你死我活，但是王冕毫不在意！这叫清气。我们一起读。

生：（齐读）"平生固守冰霜操，不与繁花一样情"。

师：王冕就是这样的人！他一身清气。其实，他一生穷困潦倒，过着非常清贫的日子，有人说他傻，有人说他怪，王冕用这样的诗回应他们——

（课件呈现）

> 忽然一夜清香发，散作乾坤万里春。
> ——［元］王冕《白梅》
>
> 千里冰封，素梅傲然独立多么高雅；
> 一夜花开，素梅清香四溢传遍天下。

生：（朗读）"忽然一夜清香发，散作乾坤万里春"。

师：王冕说，千里冰封——

生：（朗读）"素梅傲然独立多么高雅"。

师：王冕说，一夜花开——

生：（朗读）"素梅清香四溢传遍天下"。

师：我们知道，这里的素梅象征谁？

生：（齐）王冕。

师：而这里的乾坤，就是天地，就是天下百姓。王冕要告诉天下百姓，如果我们每个人都能够干干净净地做人，都能够活出一身清气，那么这个世界就是温暖的，这个人间就是美好的。我们一起读。

生：（齐读）"忽然一夜清香发，散作乾坤万里春"。

我是如何还原"心中梅"这个意象的呢？

第一步，还原常态，发现矛盾。大部分人写梅花，都会写到它的香气。我一口气引用的五句诗，都写到了梅花的香气，而王冕写梅花不写香气，写的却是清气，矛盾就出现了。这个方法在品读"家中梅""画中梅"的时候也用过。

第二步，提供支架，比较异同。我为学生提供了思考支架（四道填空题），然后让学生以小组为单位阅读、讨论，最后引导学生明白清气和香气的不同：香气写的是花，清气写的是人；香气是鼻子闻出来的，清气是心灵品出来的；香气每个人都能闻到，清气只有高洁的人才能品到；香气不过是一种自然现象，清气则是一种精神品质。通过这样逐一比较，学生对清气的内涵便有所领悟了。

第三步，联结意象，复现意蕴。"不要人夸颜色好，只留清气满乾坤。"这句诗写的其实已经不是花而是人了。这样的清气不是一般人能够闻到的，只有像王冕这样的高洁之士才能用心灵品到。引导学生认识到这一点，就是在意象和意蕴之间建立意义联结。

第四步，互文参照，升华意蕴。我从王冕写的 50 多首有关素梅的诗作中，寻找相关的诗句来印证、升华学生对"心中梅"的理解。"疏花个个团冰雪，羌笛吹他不下来"，一种人格节操化在清气当中；"平生固守冰霜操，不与繁花一样情"，一种人生追求化在清气当中；"忽然一夜清香发，散作乾坤万里春"，一种价值信仰化在清气当中。这种互文式的拓展，既强化了学生对"清气"的理解，也丰富深化了学生对"人格"的体会。

我们将这种意象还原的策略称为"类比还原"。这里的类比，既有异类比较——拿"香气"与"清气"对比，比出不同之处；也有同类比较——坚守节操、淡泊名利、心怀天下，比出了共同品质。通过类比还原，使学生更深入地把握"清气"这个核心意象的文化意蕴。

总之，古诗教学的关键就在于意象的多角度、多层次还原，我们只有通过意象还原，才能引导学生触及古诗的灵魂——文化意蕴。正是在意象的还原中，学生发现了诗中流淌的生命律动，听到了诗人心灵的召唤，也感受到了中华文化源远流长的血脉。

（易丹、赵莹根据讲座视频整理，有改动）

后 记

十讲内容已经全部结束。回顾这十节风格鲜明、精彩纷呈的教学课例，我们需要进一步思考：观课到底观什么？

第一，观教什么。这些名师是如何确定教学内容的？为什么要这样确定教学内容？背后的学理依据、认知逻辑究竟是什么？

第二，观怎么教。这些名师选择了什么样的教学形式？其中包括了哪些教学模式、教学策略、教学方法？他们又是如何设计、如何实施的？

怎么观"教什么"呢？

第一，观内容范围是否明确。第二，观教学目标是否集中。第三，观学习难度是否适宜。对于这些名师课例，我们需要进一步反思：他们的内容范围是如何做到明确的？他们的教学目标是如何做到集中的？他们的学习难度是如何做到适宜的？

怎么观"怎么教"呢？

第一，观教学板块是否简约。第二，观教学支架是否精准。第三，观教学活动是否充实。对于这些名师课例，我们同样需要进一步反思：他们的教学板块是如何做到简约的？他们的教学支架是如何做到精准的？他们的教学活动是如何做到充实的？

这些观摩视角和标准是不是放之四海而皆准呢？其实不然，我们观摩的每一堂名师课例，都是有特定条件的。我们不能离开这些特定条件，抽象、空洞地以所谓的标准去评价他们。这些特定条件包括如下四点。

第一，这篇课文。他们教的是"这篇课文"，而不是"那篇课文"，他们教的是这个单元的"这篇课文"，而不是那个单元的"那篇课文"，他们教的是这一册这个单元的"这篇课文"，而不是那一册那个单元的"那篇课文"。总之，名师的教学一定会受到课程内容的限制。

第二，这班学生。他们施教的对象是"这班学生"，而不是"那班学生"，学情有差异，而且每一节课的学情都是独特的。名师的教学一定会受到学情的影响。

第三，这位教师。执教的是"这位教师"，而不是"那位教师"。"这位教师"的教学经验、教学经历、教学理念、教学艺术，也是唯一的，只属于他自己，和"这班学生"的唯一性、"这篇课文"的唯一性是一样的。

第四，这个场合。"这个场合"就是指特定的时间、特定的空间、特定的情况。我们观摩的十个课例，都来自"千课万人"近几年举办的大型观摩研讨会。这种大型的教学观摩活动，显然跟常态班级授课有很大不同，这样的场合同样具有唯一性。

所以，"这篇课文""这班学生""这位教师""这个场合"的唯一性告诉我们，所有的视角和标准都不能绝对化，我们需要整体、辩证地看待。而如何看待最终取决于什么呢？取决于我们自己，取决于我们自己的心。从根本上说，观课就是观心，观人就是观己。

本书能顺利出版，首先要感谢薛法根、蒋军晶、何捷、孙双金、虞大明、许嫣娜、窦桂梅、罗才军、赵志祥等九位名师，他们在语文教学实践中不断创新，没有他们的精彩课例，就没有这本书。

我还要特别感谢彭才华老师。彭才华老师领衔的工作室团队，不仅全程参与了"崧舟观课"的在线研修活动，还在繁杂忙碌的工作之余，参与了本书文字稿的整理润饰工作。彭才华老师领衔的工作室团队成员包括陶素华、陆奕如、刘青、陈婷婷、刘淑娣、苏馨瑶、赵莹、胡珍群、季红、易丹、邹雪葵、李美璇、欧阳熹、伍兰、李香君、赖雪敏。

彭才华老师不仅组织上述成员参与文字整理,还亲自审读修饰了全部文字稿。林志芳、孙道明、吴桂贤老师也参与了部分文字稿的整理完善工作。

在此,谨向上述老师表示衷心的感谢。

图书在版编目（CIP）数据

王崧舟观课十讲／王崧舟著 . -- 上海：上海教育出版社，2022.1
ISBN 978-7-5720-1294-5

Ⅰ. ①王… Ⅱ. ①王… Ⅲ. ①小学语文课—课堂教学—教学研究 Ⅳ. ① G623.202

中国版本图书馆 CIP 数据核字（2021）第 275936 号

策　　划　源创图书
责任编辑　董　洪
特约编辑　王　莹
责任印制　梁燕青
内文设计　许　扬
封面设计　奇文云海

Wang Songzhou Guan Ke Shi Jiang
王崧舟观课十讲
王崧舟　著

出版发行	上海教育出版社有限公司
官　　网	www.seph.com.cn
地　　址	上海市闵行区号景路159弄C座
邮　　编	201101
印　　刷	北京华宇信诺印刷有限公司
开　　本	710×1000　1/16　印张 16　插页 1
字　　数	210千字
版　　次	2022 年 1 月第 1 版
印　　次	2025 年 3 月第 3 次印刷
印　　数	13,001—16,000 本
书　　号	ISBN 978-7-5720-1294-5/G · 1015
定　　价	78.00元

如发现质量问题，请向本社调换　电话 021-64373213